8 L 29 147 9

Paris - Nancy
1893-1899

Ardouin-Dumazet

Voyage en France

Bas-Dauphiné. Viennois, Graisivaudan, Oisans, Diois et
Valentinois

Tome 9

ARDOUIN-DUMAZET

Voyage en France

9ème Série

BAS-DAUPHINÉ

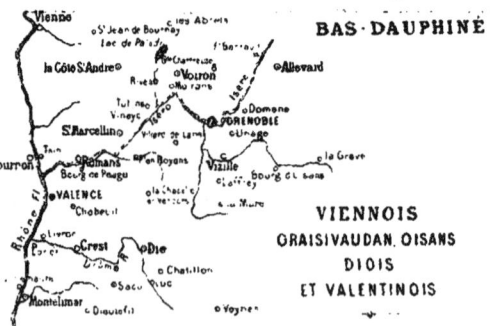

VIENNOIS
GRAISIVAUDAN, OISANS
DIOIS
ET VALENTINOIS

PARIS
BERGER-LEVRAULT & Cie, ÉDITEURS

VOYAGE EN FRANCE

I

LE LAC DE PALADRU ET LA FURE

Les Abrets. — Paladru et son lac. — La légende de la ville d'Ars. — Charavines. — Régularisation des eaux. — Les usines de la Fure. — Taillanderies, soieries et papeteries. — Apprieu. — Rives et ses manufactures. — Renage. — La gorge d'Hurtières. — Fure et la plaine de l'Isère.

Tullins, mai.

Le chemin de fer de Saint-André-le-Gaz à Chambéry m'a laissé ce matin aux Abrets, d'où je voulais gagner le lac de Paladru; de la route du lac, par Virieu et le Pin, j'avais gardé d'assez maussades souvenirs. Certes, le val de Virieu est très beau, ses châteaux, qui virent Lamartine dans ses jours les plus heureux, où il a écrit ses pages les plus célèbres, méritent un instant l'attention, mais le vallon du Pin est morose et mène à une partie du lac bordée de marécages.

Combien est plus aimable le pays au nord du lac. Les Abrets, dans leur vaste plaine, au croisement de nombreuses routes formant de larges rues, sont un des plus beaux villages de ces confins du Dauphiné et de la Savoie, très ample, peuplé de plus de 4,000 habitants travaillant presque tous pour Lyon. De belles usines fabriquent la passementerie, la plupart des maisons ont des métiers pour le tissage de la soie, la campagne entière est peuplée de canuts, aussi les habitations sont-elles nombreuses dans ces champs ombragés de châtaigniers.

Le point de jonction des cinq grandes routes et des chemins qui forment le carrefour central des Abrets est au sommet d'un mamelon d'où toutes ces voies descendent et s'allongent au loin. Au sud, elles abordent aussitôt le massif de hautes collines des Terres froides, partie du Dauphiné où naissent la Bourbre et ses affluents et où dort le lac; c'est un pays très froid en hiver, à cause de son altitude et de l'abondance des eaux, mais superbe en été. Les routes sont de véritables allées de parc bordées de noyers centenaires. Le Dauphiné est la terre d'adoption de ces beaux arbres, l'huile de noix entre pour une large part dans l'alimentation des habitants et le commerce des noix est considérable ; une partie du pays où j'irai bientôt, vers Vinay et la Drôme, est même le plus grand marché de noix du monde entier. La Bâtie-Divisin, un des villages de la route, est au milieu d'un superbe massif de noyers ; Montferrat en a d'énormes, les deux versants du beau vallon où naît le ruisselet qu'on peut considérer comme l'origine de la Fure en sont complantés ; les arbres sont si nombreux et si hauts dans toute la vallée qu'on ne découvre le lac d'aucun des chemins, il faut traverser Paladru et monter à la misérable église du village pour apercevoir le bassin.

Il est admirable de grâce, ce lac enchâssé entre des collines verdoyantes, semées de hameaux blancs et s'exhaussant d'étage en étage jusqu'aux montagnes de la Grande-Chartreuse. Dominant immédiatement le lac, dont le plan d'eau est à 494 mètres au-dessus du niveau de la mer, se dressent des collines dont l'altitude dépasse 800 mètres ; partout ailleurs, on les appellerait montagnes, ici, au pied des grands monts, elles perdent de leur allure si on les voit d'un point élevé, mais, du bord du lac, elles prennent un aspect fier et reposé à la fois ; cela rappelle, avec plus de grâce, plus de limpidité dans la lumière, les lacs des Vosges, mais les plus vastes de ceux-ci sont des cuvettes auprès du Paladru. Il a plus de six kilomètres de longueur, sa largeur atteint mille à douze cents mètres en moyenne, sa profondeur est grande; en somme, c'est une des plus vastes nappes d'eau de France.

Le poisson de Paladru est exquis, il jouit d'une grande réputation dans tout le pays; aussi, les pêcheurs des étangs, dans la région de Morestel, portent-ils leur pêche vers le lac, ils la mettent en des viviers d'où le poisson sortira comme originaire de Paladru. L'autre jour, j'ai rencontré, entre Faverges et les Abrets, des charrettes chargées de tonneaux remplis des captures faites dans les étangs et se rendant à Paladru.

Des chemins font le tour du lac; ceux de la rive occidentale présentent une vue charmante sur les collines de Bilieu. On longe presque toujours le rivage et l'on distingue nettement les différences de coloration des eaux. Près du bord, des fonds de sable donnent une teinte claire qui a valu à cette zone littorale le nom d'*aigue-blanche*; au delà de quelques mètres, les eaux, formant des conches plus profondes, deviennent sombres, c'est l'*aigue-noire*. La zone d'aigue-blanche fut habitée, aux temps préhistoriques, par des populations lacustres dont les traces sont très apparentes, des pilotis de leurs demeures ont été relevés à plusieurs reprises; au petit Bilieu sont d'énormes troncs de chênes retirés des eaux, j'en ai pu détacher des lambeaux.

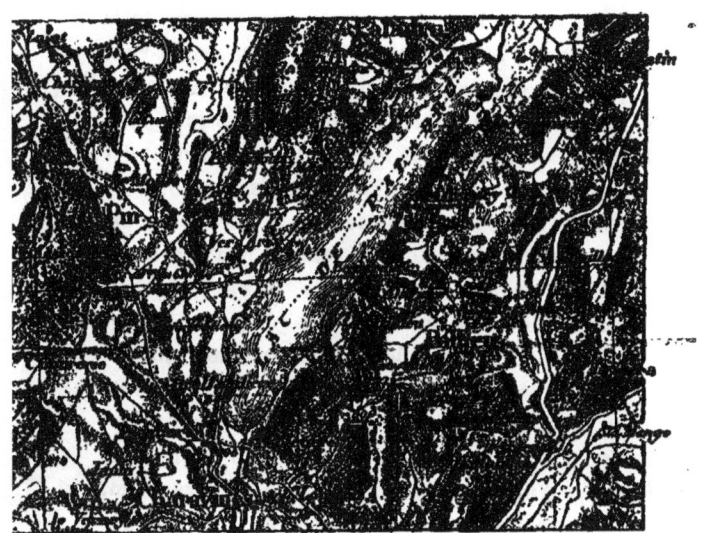

Naturellement, ces traces d'une vie si différente de la vie actuelle ont fait naître des légendes, comme sur tant d'autres lacs, notamment le lac de Grand-Lieu[1]. On prétend qu'une ville puissante

---

1. Voir 3ᵉ série du *Voyage en France*, pages 297 et suivantes.

existait sur l'emplacement du lac, elle aurait été engloutie en punition des fautes de ses habitants. Le nom de cette cité fantastique a été conservé : elle s'appelait Ars. Un petit hameau, situé au débouché de la vallée du Pin, se nomme Vers-Ars.

On atteint l'extrémité du lac au hameau de la Pagetière : c'est, comme Paladru, un rendez-vous pour les promeneurs, plus fréquenté même, en raison de la proximité des gros centres de population des vallées de la Fure et de la Morge, et des facilités d'accès. Le chemin de fer sur route de Vienne à Charavines développera encore les excursions. Les eaux du lac passent pour alcalines, on en a profité pour installer, à Pagetière, des cabines de bains sur une petite plage.

Un chemin longe le rivage méridional du lac, traverse la Fure sur les écluses de sortie et monte au village de Bilieu par des pentes douces d'où l'on a sans cesse une vue admirable sur la vaste nappe d'eau frangée de golfes minuscules ; d'ici, l'aigue-blanche est entièrement en vue, ses tons opalescents faisant une ceinture aux flots moirés de l'aigue-noire. Les molles collines, les maisons blanches, les toits rouges forment un cadre exquis. La colline de Bilieu, couverte de noyers et de frênes, est pleine du murmure des ruisselets descendant au lac et de chants d'oiseaux.

Le temps me pressait, car je voulais, en deux jours, descendre la vallée et visiter les usines. Il n'y a que dix-huit kilomètres entre le lac et la plaine de l'Isère, mais, à chaque instant, des manufactures doivent m'arrêter. Le torrent sorti du lac est, sans doute, étant donné le peu de longueur de son cours, la plus travailleuse des rivières de France; sans compter les moulins, il fait mouvoir 34 grands établissements occupant près de 6,000 ouvriers.

Depuis qu'on a asservi les cours d'eau pour les astreindre à faire mouvoir les roues, la Fure a été utilisée. Sa chute totale n'est pas moindre de 200 mètres, c'est dire quelle force elle mettait à la disposition de l'industrie; mais si, en hiver, il y avait de l'eau en surabondance, l'été, au contraire, la Fure était parfois réduite à un filet. En 1852 et 1853, on vit les 500 hectares de superficie du lac verser dans la Fure 10,000 litres à la seconde, tandis que, les étés suivants, cette quantité descendait à 500 litres; même, en 1865, le débit fut de 50 litres seulement à la seconde. Pour mettre fin à cette situation, les usiniers de la Fure formèrent un syndicat en vue de réglementer la sortie des eaux du lac et faire de Paladru un réservoir régulier.

M. Gentil, ingénieur en chef de l'Isère, et

M. Brissac, ingénieur ordinaire, dressèrent le plan des travaux. On avait songé d'abord à barrer la vallée pour élever le plan d'eau, mais il aurait fallu des indemnités trop fortes pour les propriétés riveraines, on s'arrêta à la création d'un canal de fuite de 1,200 mètres de longueur et de 4 mètres de profondeur avec vannes régulatrices à crémaillère en tête du canal, permettant, aux époques de sécheresse, d'abaisser le plan d'eau au-dessous de l'étiage ancien, sauf à reconstituer les réserves d'eau pendant les périodes pluvieuses.

D'après les chiffres que m'a fort courtoisement fournis M. Émile de Montgolfier, secrétaire du syndicat, la réserve totale utilisable assurée par le lac est de 15 millions de mètres cubes, mais depuis l'achèvement des travaux, on n'a pas dépassé 8 à 10 millions.

La répartition de l'eau du lac dans le canal, c'est-à-dire dans la Fure, est déterminée par arrêté préfectoral. Quand le lac est en crête du déversoir, on peut recevoir 1,200 litres à la seconde ; quand le niveau est à un mètre au-dessous du déversoir, le débit est de 800 litres ; si le plan d'eau descend entre un et deux mètres, on peut disposer de 650 litres ; enfin, quand le niveau descend à plus de deux mètres au-dessous du déversoir, on dispose encore de 500 litres. Ce débit minimum

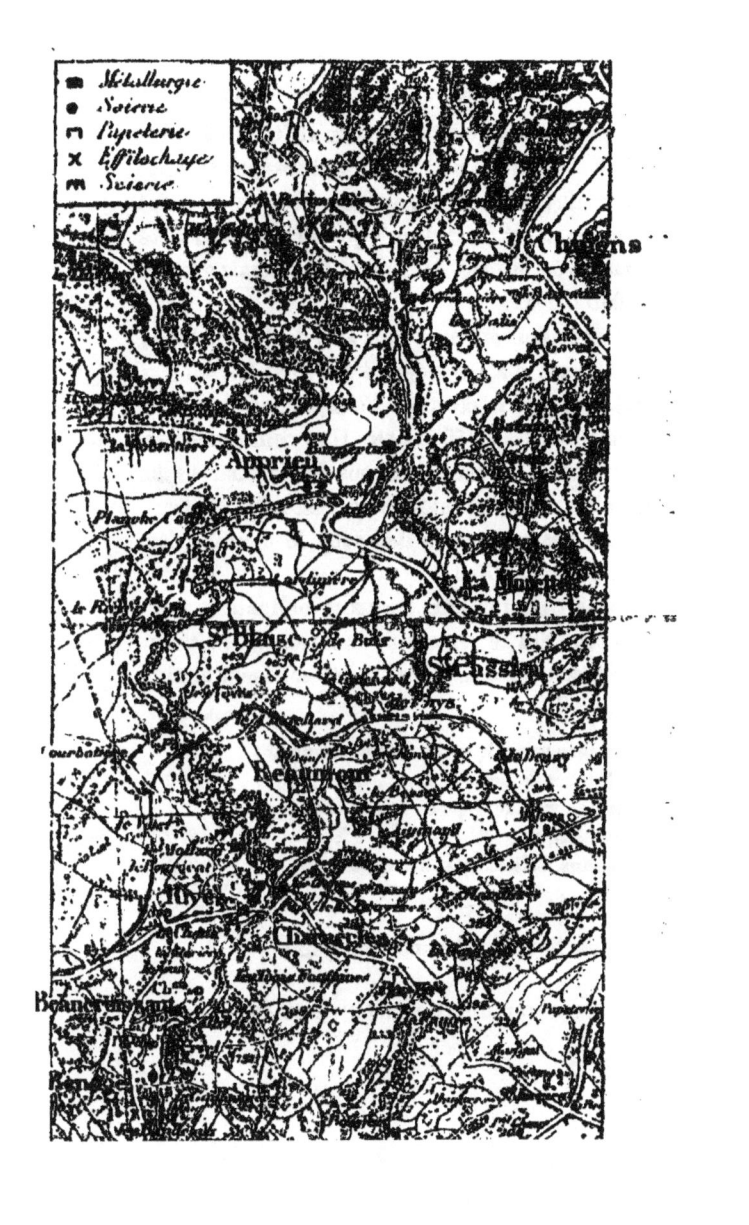

est rare, on n'y a été réduit qu'en 1870, 1872, 1874, 1885 et 1894. Je n'ai pas les chiffres pour l'année courante (1895). Quant aux inondations, elles ont complètement cessé depuis que le déversoir a été inauguré : le débit maximum n'a jamais dépassé 4,000 litres.

Les travaux ont duré deux ans, de 1868 à 1870 ; la dépense n'a pas dépassé 300,000 fr., on y a fait face par la création d'obligations 4 p. 100 remboursables en 30 années. Une commission de 10 membres, nommée par tous les industriels de la vallée, gère les intérêts de l'association ; l'entretien des ouvrages a lieu sous le contrôle des ingénieurs de l'État.

La participation aux charges est obligatoire pour tous ceux qui se servent de la rivière. 34 usines en utilisent les eaux. Elles se décomposent ainsi :

	PERSONNES.
9 tissages mécaniques de soierie, occupant	2,800
9 fabriques de papier	1,400
11 usines métallurgiques : taillanderie, construction, etc.	900
5 moulins, effilochages, tourneries, etc.	250
Au total	5,350

ouvriers, hommes, femmes et enfants.

On trouverait difficilement un petit cours d'eau

aussi complètement utilisé; on peut dire que les eaux de la Fure sont employées jusqu'à la dernière goutte, les 2,000 chevaux fournis au débit moyen de 650 litres à la seconde travaillent sans arrêt.

La première usine est dans le joli village de Charavines, bâti à l'issue du lac; c'est un tissage de soierie appartenant à la maison Couturier, déjà propriétaire d'une usine à Bevenais, près du Grand-Lemps. La Fure fait mouvoir 290 métiers produisant chaque année un million de mètres d'étoffes de soie; on peut d'ailleurs considérer la vallée de la Fure comme le centre, avec Voiron, de la fabrication des soieries, ou, tout au moins, comme la plus importante par la masse des produits. Sauf à l'usine du Rivier, on ne fait que de l'uni.

Une partie de la population de Charavines travaille dans les usines, mais la plupart des habitants vivent de la culture et de la pêche. Une grande quantité de nasses et de filets sont disposés au bord du lac, donnant au village un pittoresque aspect. De nombreuses sources viennent accroître ici le débit de la Fure. Aussi, les fontaines publiques sont-elles plus nombreuses encore que dans les autres villages des Terres froides.

L'usine de soierie, comme toutes celles que nous allons rencontrer dans la vallée et à Voiron, est surtout remplie par des femmes et des jeunes filles; une partie seulement sont originaires du pays; si populeux que soit celui-ci, il n'aurait pu donner les 2,800 ouvrières de la Fure et les 8,000 de Voiron ; il a donc fallu faire appel aux régions avoisinantes ; chaque semaine, le lundi, d'immenses voitures ou des trains spéciaux vont chercher les ouvrières; l'usine de M. Permezel, à Voiron, emploie à elle seule quarante de ces voitures ; les ouvrières apportent de grands paniers contenant leurs vivres pour la semaine, lard ou légumes que l'on fait cuire à l'usine lorsque celle-ci n'a pas organisé des fourneaux alimentaires. Dans le réfectoire, chaque ouvrière possède un « casier aux vivres » où elle enferme ses provisions. De vastes dortoirs, assez primitifs, fournissent des lits. Le samedi, voitures et chemins de fer ramènent les ouvrières chez elles.

Jadis, on allait chercher les ouvrières jusque dans les montagnes du Vivarais; des trains spéciaux, venant de Privas et d'Annonay, amenaient des milliers de femmes dans les plaines et les vallées dauphinoises. Ces curieuses coutumes n'ont pas encore entièrement disparu.

Au-dessous de l'usine Couturier, on rencontre les premiers établissements métallurgiques ; ce ne sont pas des hauts fourneaux ni de très bruyants établissements; les usines de la Fure travaillent surtout l'acier, on y fait tous les objets de taillanderie, gros et petits outils employés pour la coupe du bois et le travail de la terre. Le matériel est un peu vieillot peut-être, mais l'excellence des produits a maintenu l'industrie malgré le taux élevé des salaires; un ouvrier gagne ici 5 fr. 50, tandis qu'à Givonne, dans les Ardennes, il se contente de 2 fr. 75 [1].

Les ateliers de M. Bret, que celui-ci m'a fait parcourir, sont fort intéressants et très bien installés. Chaque année, près de 150 tonnes d'outils ou de pièces de charrue sortent de ces ateliers et vont jusque dans l'Amérique du Sud. On retrouve le même type d'établissements jusqu'à l'issue de la vallée; ces petits groupes ouvriers ont conservé au pays le caractère agreste et patriarcal de l'ancienne industrie.

---

[1]. D'après une communication faite au Congrès des sociétés savantes de 1896, le premier document qui mentionne ces forges est de 1285. Elles se multiplièrent beaucoup au quinzième et au seizième siècle. Un assez grand nombre de titres permettent de suivre là les progrès de l'industrie du fer en même temps que celle du papier. « Il n'y a d'ailleurs rien d'étonnant que la fabrication des armes ait une grande importance dans une région où la métallurgie est aussi répandue. Rives était, en effet, renommée pour son acier, et les épées qu'on y trempait jouissaient d'une grande réputation. » M. Giraud, conservateur du musée de Lyon, auteur d'un mémoire sur ce sujet, pense que cette industrie a pu remonter jusqu'à l'époque où les Sarrasins étaient maîtres du pays.

Au-dessous des taillanderies Bret, en vue du superbe mamelon qui porte les débris du donjon féodal de Clermont, berceau de l'illustre famille de Clermont-Tonnerre, se trouve la papeterie de MM. de Montgolfier, appartenant à des membres de cette grande tribu industrielle dont le rôle est si considérable dans notre pays. Elle a été créée vers 1849 et n'a pas cessé de se tenir au courant de tous les progrès modernes. Cette papeterie, dite de Guillermet, ne fabrique guère que des papiers de luxe. Son personnel est assez restreint, mais il offre une des plus heureuses agglomérations ouvrières de France. Chaque famille a un logement de trois pièces et un jardin ; au sortir de l'école les enfants trouvent aussitôt du travail dans l'usine.

La vallée, toujours suivie par la route sur laquelle courent les rails du petit chemin de fer de Vienne, est étroite et solitaire ; elle s'anime tout à coup à Bonpertuis, où se trouvent d'importantes aciéries fabriquant les aciers fins pour l'industrie de la vallée, c'est-à-dire pour la taillanderie. L'usine, très intéressante à parcourir, a été créée en 1842 par M. Gourju.

On croise la route de Voiron à Grand-Lemps et l'on quitte le petit chemin de fer à la Ravignouse ; là, sont installées deux fabriques de soierie ; un peu plus bas est une fabrique de papier de paille pour emballage. La vallée est maintenant bien plus profonde, la rivière se tord en méandres, une seule usine de soierie, assez considérable, et une taillanderie emplissent la partie la plus large, au Rivier d'Apprieu ; plus bas, une autre taillanderie précède le beau viaduc sur lequel le chemin de fer de Grenoble traverse la Fure ; ici, une des chutes d'eau de la rivière fournit une force électrique de 100 chevaux, qui est conduite aux grandes usines de Rives.

Cette petite ville, à laquelle on parvient par de longs détours, est le centre de la vallée ; c'est une grande rue en pente, large et assez animée, descendant à la Fure au milieu d'un fort beau site. La rivière s'y accroît par les eaux abondantes d'une grande source, formant la Fure de Réaumont, utilisée en partie pour les papeteries de la maison Blanchet frères et Kléber.

Bien que Rives renferme d'autres usines, cette grande fabrique de papier semble incarner en elle la ville entière, peuplée de 3,000 habitants. La papeterie Blanchet frères et Kléber est la plus importante de France : elle n'occupe pas moins de 616 ouvriers dont 198 hommes et 418 femmes. Comme dans la plupart des papeteries de l'Isère, on fabrique surtout le papier de luxe pour lequel le chiffon seul est employé. Depuis ces dernières années, Rives a donné une très grande extension à la fabrication des papiers photographiques.

Cette usine, dont l'origine remonte à 1785, n'a guère employé les machines avant la Restauration, mais, aujourd'hui, elle se tient à la tête de son industrie. De même, elle a commencé, dès 1850, l'organisation de ses caisses de retraite et de secours ; depuis 1891, les retraites qui atteignaient, pour chaque ouvrier âgé de 70 ans et ayant travaillé 30 ans dans l'usine, 240 fr. par homme et 125 fr. par femme, accru, par l'usine, de 500 fr. par homme et 300 fr. par femme, ont été singulièrement augmentées. La retraite fournie par la caisse n'a pas été modifiée, mais l'âge du repos a été fixé à 65 ans au lieu de 70. Chaque homme touche alors 750 fr. par an et chaque femme 425 ; la caisse de secours est fort bien organisée.

Les gratifications sont nombreuses ; ainsi les ouvriers appelés sous les drapeaux touchent, pendant leur séjour au corps, le montant intégral des salaires qu'ils auraient pu gagner. Enfin, un commencement de participation aux bénéfices a été accordé : on distribue au personnel, à la fin de l'année, 1 fr. par 100 kilogr. de papier fabriqué.

Depuis 4 générations, les mêmes familles d'ouvriers travaillent à Rives, sans chercher à émigrer au dehors ; il n'est pas rare de voir le grand-père, le père et les petits enfants dans les mêmes ateliers ; aussi, l'aisance est-elle grande dans cette population où chaque famille possède, bien à elle, sa maison et son jardin.

D'autres papeteries se sont créées à Rives, une grande usine a été installée pour la fabrication du matériel spécial à cette industrie.

La rivière n'a pas fini son rôle de travailleuse, elle baigne un moment la haute colline couverte par le village de Beaucroissant, célèbre par ses grandes foires de chevaux et de mulets ; c'est le plus grand rendez-vous de ce genre pour tout le Dauphiné. Au-dessous du village même, mais déjà sur le territoire de Renage, s'alignent les usines : la fabrique de soierie de M. Combe, la grande fabrique de faux Revollier, qui fournit chaque année des centaines de mille pièces. Ces usines sont au sein d'une gorge très profonde et très verte, dont les parois, presque à pic, sont couvertes d'arbres touffus. Au fond de l'abîme se dressent les bâtiments de la grande manufacture Montessuy et Chomor, un des plus puissants tissages de la région lyonnaise. Elle emploie 400 métiers à la fabrication des crêpes et des centaines d'ouvrières au moulinage ; un grand nombre d'entre elles sont logées à l'usine, mais une partie est fournie par Renage même, long village de 2,500 habitants, aux maisons séparées par des jardins, aux fermes semées dans la belle montagne de Parménie. Propre et prospère, ce serait le type idéal d'un village ouvrier; même dans les Vosges, on ne rencontre pas un ensemble aussi heureux et reposant.

D'immenses papeteries utilisent encore les eaux de la Fure. Ces usines, encadrées par le verdoyant paysage, paraissent, à distance, de belles abbayes. Le soir tombe au moment où je quitte Renage ; sur la route, par les chemins, montent, jacassant et tricotant, les groupes d'ouvrières ; les jeunes filles sont coquettement vêtues, on voit que le bien-être est général.

Un peu plus bas, dans la vallée toujours étroite, des fumées noires et des flammes rougeâtres s'élèvent de l'abîme. Ce sont les forges du grand et du petit Hurtières, où l'on fabrique de l'acier pour taillanderie.

Hurtières est placé presque à la sortie de la vallée. On ne tarde pas à déboucher dans la vaste plaine de l'Isère, en vue des majestueuses montagnes du Vercors. A l'endroit où la Fure pénètre dans la plaine, la chute d'eau a été assez importante pour faire naître un village entier, nommé Fure, et dépendant de la grosse commune de Tullins, qui compte 5,000 habitants. 5 papeteries, plusieurs taillanderies, des moulins, des scieries ; au delà du chemin de fer, au hameau de Saint-Jean-de-Chepy, 2 effilochages de vieille laine et une fabrique de soierie achèvent la longue traînée d'usines. Désormais, la Fure, roulant presque sans pente, a terminé son rôle ; elle va rejoindre la Morge et, avec elle, se jeter dans l'Isère.

La petite rivière mêle ses eaux claires aux eaux grises du grand cours d'eau des Alpes, après avoir ainsi répandu la richesse et la vie dans une gorge superbe, qui ne semblait guère se prêter à la grande industrie. Seuls, parmi les cours d'eau travailleurs, le Furens et la Durolle pourraient lui être comparés ; encore, ces deux derniers torrents n'ont pas d'usines aussi vastes. On a vu que la Fure doit sa puissance au grand bassin de Paladru ; ce beau lac, ignoré de la masse du public, joue donc un rôle considérable dans l'économie sociale du Dauphiné.

C'est à ses cours d'eau sans nombre, parfois alimentés par d'inépuisables réserves de neiges et de glaces, mais aménagés avec soin par les industriels, que cette belle province, ou plutôt le département de l'Isère, doit sa prospérité et le nombre de ses manufactures. Nous avons déjà vu[1] comment Vienne a su utiliser la Gère et Bourgoin la Bourbre. Mais Voiron avec la Morge, Vizille avec la Romanche, les bourgs du Graisivaudan avec les torrents descendus des névés de Belledonne, n'ont pas fait montre de moins d'initiative. Et bien des eaux encore peuvent être captées et accroître la richesse du pays.

J'achève ces lignes à Tullins, avant de prendre le train qui me permettra de rentrer à Vienne. La nuit est venue, très profonde; sur le ciel étoilé se détache en noir, très nette, l'arête régulière du Vercors. Un bruit monte de la superbe plaine plantée d'innombrables noyers, c'est l'Isère qui fuit vers le Rhône, sans grande utilité pour la navigation presque nulle, sans bénéfice pour l'industrie.

Cet énorme torrent aux eaux grises, s'il était aménagé comme la Romanche, pourrait donner par centaines de mille les chevaux-vapeur à l'industrie.

---

1. 1re série du *Voyage en France*, chapitre sur Vienne, pages 105 et suivantes ; 3e série, chapitres sur la *Hollande du Dauphiné*, pages 182 et suivantes.

II

DU RHÔNE A LA MORGE

Un chemin de fer vicinal. — De Vienne à Charavines. — Saint-Jean-de-Bournay. — La plaine de Bièvre. — Le Grand-Lemps. — Arrivée à Voiron. — Coup d'œil sur le tissage de la soierie. — Voiron et ses industries. — La toile. — Les usines des Gorges. — Paviot. — L'école professionnelle.

Voiron, mai.

La banlieue lyonnaise, partout ailleurs desservie à souhait par les voies ferrées, est restée à l'écart des communications rapides ; entre Lyon et le Bas-Graisivaudan, c'est-à-dire la partie inférieure de la vallée de l'Isère, on ne peut gagner Saint-Marcellin que par de grands détours, toutes les lignes vont du Rhône à la voie ferrée de Lyon à Grenoble.

Les chemins de fer à voie étroite, sur route ou tracés à travers champs, amélioreront sans doute cette situation fâcheuse et ouvriront aux visiteurs des pays moins pittoresques que les hautes régions, mais encore curieux et, malgré les difficultés de communication, entrés dans le rayon d'activité de la grande ville voisine. Déjà Vienne a été reliée à Charavines, c'est-à-dire au lac de Paladru ; peut-être, un jour prochain, les locomotives iront-elles de Lyon à la Côte-Saint-André et à Pont-en-Royans, ouvrant ainsi aux visiteurs cette admirable vallée du Vercors, si difficilement accessible maintenant.

En cette saison il serait fort pénible de parcourir à pied le pays de Saint-Jean-de-Bournay et la plaine de Bièvre ; la chaleur y est terrible et la vue du paysage ne compense pas la fatigue éprouvée. Il est assez facile, d'ailleurs, de voir sans peine le pays, en se tenant sur la plate-forme du chemin de fer vicinal de Charavines. Je suis venu coucher à Saint-Jean-de-Bournay et, par le premier train du matin, j'ai pu gagner Apprieu et Voiron.

Certes il ne faut pas chercher ici des sites grandioses, mais c'est un plaisir de courir en chemin de fer sur les routes et par les rues des villages et des petites villes comme sur une voiture, sans avoir les cahots et la poussière. On ne va guère plus vite, d'ailleurs ; de Vienne à Charavines il y a 68 kilomètres et l'on met quatre heures pour accomplir le trajet. C'est plutôt long !

La ligne part de la place du Champ-de-Mars[1], à

---

[1]. Voir au 1ᵉʳ volume du *Voyage en France* un chapitre consacré à Vienne, page 105.

Vienne, suit les quais du Rhône et pénètre dans la gorge de la Gère par les quais et les rues bordés d'usines, puis gagne le faubourg de Pont-Évêque, si vivant jadis, si morne depuis que les grands établissements métallurgiques ont été abandonnés.

On sort des gorges à l'endroit où la Gère et la rivière de Septême s'unissent pour former le cours d'eau travailleur des usines viennoises. Les deux vallées se montrent un instant, larges et vertes. Le petit chemin de fer s'engage à droite et s'élève au-dessus de la Gère, qu'il abandonne pour pénétrer dans un autre vallon plus ample. Le paysage n'a plus les lignes robustes de Vienne, les granits ont disparu, on est ici en pleine zone glaciaire, cependant les hauteurs ont des perspectives heureuses : la vieille tour de Montléan et les ruines de Pinet donnent une note fort pittoresque ; ce bassin de la Vésonne rappelle par bien des côtés les campagnes de Touraine, même vert doux, mêmes vignobles aux flancs des coteaux. Les vignes de Pinet sont célèbres dans le pays viennois, « vin de Pinet, magistrat de Vienne » me dit avec un clignement de l'œil un voisin de plate-forme. Je n'ai pu lui faire préciser sa pensée.

Les abords de la route sont peu peuplés ; nous sommes loin ici des campagnes industrielles de la

Bourbre et des Abrets ; rares sont les villages, la plupart se sont établis dans les vallons latéraux ou sur les hauteurs. L'un d'eux, Beauvoir-de-Marc, s'annonce de loin par une statue de madone dressée sur une colline en forme de promontoire. Ce genre de monument est fort commun en Dauphiné.

Du haut de la colline qui porte la statue, on a une vue très étendue sur un vaste massif de collines boisées où les centres d'habitations sont rares, mais où, cependant, s'est créé une petite ville industrielle fort active, Saint-Georges-d'Espéranche, bâtie à 400 mètres d'altitude au sommet d'un massif d'où partent de nombreux ruisseaux. Saint-Georges a une fabrication curieuse, on y tresse la paille sous toutes sortes de formes, chapeaux, semelles, cabas, etc., viennent de ce gros bourg. Une quinzaine de fabricants se partagent les magasins et ateliers. Les paysans travaillent chez eux pour Saint-Georges ; déjà l'industrie a essaimé jusqu'aux abords d'Heyrieux, où Valencin compte quelques chapelleries de paille.

Ces collines sont sèches et perméables, cependant les habitants les cultivent avec soin, dans les vallons que traverse le petit chemin de fer les récoltes sont superbes ; il y a du mérite à présenter de telles cultures sur ces cailloux roulés.

Peu à peu, au delà du hameau de la Détourbe, les maisons se font plus nombreuses, des vignobles couvrent les pentes, on voit grandir, sur un monticule isolé, les débris d'un donjon dominant les toits d'une petite ville. C'est Saint-Jean-de-Bournay, qui s'appela *Toile à voile* pendant la Révolution. Elle ne mérite plus ce nom, il y a beaux jours qu'on n'y fabrique plus de toiles, rares sont les chènevières aux bords de la Gervonde. Cependant Saint-Jean est demeuré un petit centre industriel, c'est le séjour de fabricants et d'intermédiaires qui font travailler en ville et dans les villages voisins pour la broderie de tulle, la passementerie et le tissage de la soierie ; on y fabrique des rubans et l'on file de la laine ; aussi une assez forte population s'est-elle maintenue dans cette grosse bourgade dont les toits rouges tranchent si violemment avec les prés verts où, jadis, les tisserands faisaient blanchir la toile destinée aux voiles des goëlettes d'Arles et des vaisseaux de Marseille.

Saint-Jean est devenu la gare centrale du petit chemin de fer ; celui-ci a établi des ateliers ; pour certains trains c'est la gare terminus, ainsi celui qui m'a conduit aujourd'hui est destiné à assurer les communications avec Grenoble. Le pays jusqu'à Grand-Lemps est sans caractère, mais les paysans tirent un excellent parti de leur sol en apparence aride. De grands bois, au sud, couvrent la partie la plus pauvre, c'est un vaste plateau criblé de mares et d'étangs endormis entre les taillis et portant le nom de forêt de Bonnevaux. Il dut y avoir des arbres superbes, à en juger par le beau chêne voisin de la station de Chatonnay, gros bourg qui vit par les bois. C'est le marché des poissons des étangs, on y fabrique des cercles au moyen des taillis de châtaigniers. Mais c'est aussi un centre pour le tissage des soies à domicile. En dépit de cette activité, le bourg, bâti de pisé en terre rougeâtre ou de cailloux roulés, a piètre apparence. Son principal monument est une vieille tour dont on a abattu les créneaux pour élever une coupole byzantine surmontée d'un campanile genre tour Eiffel. Sur les portes, les femmes travaillent à broder le tulle, le train les frôle en passant.

Chatonnay traversé, le train reprend sa course monotone ; un moment, près du hameau des Effeuillers, on a une échappée sur les montagnes de la Grande-Chartreuse et de Savoie. Ce n'est qu'une apparition, on descend rapidement, contournant la forêt de Bonnevaux, on traverse le long village de Champier pour entrer dans la verte plaine d'Eydoche, et gagner, par un pays peu habité où les maisons sont abritées de noyers, de frênes et de châtaigniers, le lac de Chabons, longue et étroite pièce d'eau, encombrée de joncs et de nénuphars, dans laquelle Lamartine, sur le point de se noyer, fut sauvé par Aimon de Virieu accouru aux cris des bergers. Quelques instants après on est à Grand-Lemps, un chef-lieu de canton populeux, où l'on retrouve les tissages de soieries. Le Grand-Lemps forme le lien entre le bassin de Bourgoin et celui de la Fure. Plusieurs usines importantes se sont élevées sur son ruisselet. C'est un gros bourg quelconque, bâti à la marge de l'immense et mélancolique plaine de Bièvre, dans laquelle on récolte, en immense quantité, la paille de seigle recherchée pour les articles communs de Saint-Georges-d'Espéranche.

Tout autre est le pays en allant à la Fure; la route prête son ruban au chemin de fer et suit le pied des hautes collines qui portent le bassin bleu du lac de Paladru. Autant la plaine de Bièvre est sèche, autant ces collines sont fraîches, leur pente et leur base forment une riante zone où la vigne croît en hauttns, où les blés sont drus, les noyers vigoureux. Les cultures varient fort, même j'ai aperçu un champ d'œillets près de la route. C'est aussi gai et riant que les plateaux de Chatonnay et d'Eydoche étaient moroses. La petite locomotive et ses wagons ne quittent la route que pour traverser des hameaux dépendant de la commune de Colombe ; çà et là un détail heureux, telle une belle porte de la Renaissance étonnée de se voir entre les maisons à galerie extérieure où pendent des paniers à claire-voie dans lesquels sèchent des fromages, maisons couvertes de chaume enfouies dans la verdure. Apprieu n'est pas moins gai. Dès qu'on l'a traversé, le train quitte la route et, par une tranchée profonde, descend dans la vallée de la Fure. Au loin étincellent les cimes blanches des Alpes.

Je suis seul à jouir de ce spectacle, aucun voyageur n'est monté dans le train au Grand-Lemps ; quand, à la gare des Quatre-Chemins, j'ai mis pied à terre laissant le train filer sur Charavines, il emmène le conducteur et le mécanicien.

Bientôt, des Quatre-Chemins, un embranchement se dirigera sur Voiron.

J'ai dû achever le trajet à pied, mais par un pays si riant et vert que les six kilomètres m'ont semblé une petite lieue. La route est un véritable enchantement ; lorsqu'on a atteint, vers la Murette, le sommet des collines, on découvre tout à coup un des plus grandioses paysages de France, le bec de l'Échaillon se dresse au milieu du tableau, semblable à une pyramide ; à ses côtés se profilent les hautes chaînes du Vercors et du Villars-de-Lans. Les collines de Parménie et de Vouise, les montagnes de la Grande Chartreuse sont au premier plan, vertes de forêts ou de prairies, grises de hautes falaises calcaires ; un ciel pur, des lignes fières et heureuses font de cette apparition une chose inoubliable.

La campagne est une merveille de grâce, les prés sont d'un vert profond et doux, des ruisselets jasent à chaque tournant ; de grands noyers, des vignes grimpant aux ormeaux, de jolies maisons à galeries et aux larges auvents surprennent tout à coup le visiteur, ce couloir d'accès du Graisivaudan est d'une inexprimable splendeur.

La Murette n'est qu'un ensemble de hameaux épars sur les flancs d'une colline dont la plus haute cime atteint 847 mètres et qui l'abrite des vents âpres du nord, la *bise* comme on dit dans le Sud-Est. C'est déjà un faubourg de Voiron pour la soierie ; d'importants ateliers y ont été créés pour le dévidage, le bobinage et la mise en pièces : ce sont des annexes de l'industrie du tissage, si florissante dans cette contrée.

L'industrie de la soierie est si complexe, en même temps elle a donné lieu à des publications si complètes que j'ai renoncé, en parlant de Lyon, à faire une étude dont les développements auraient été trop considérables, j'ai pensé qu'il serait plus simple et moins dogmatique de profiter de mon passage dans un des grands centres de fabrication pour esquisser rapidement chaque branche de l'industrie lyonnaise, chaque forme de la transformation du cocon en soie brute. Les campagnes du Comtat et du Gard me montreront l'élevage, les montagnes du Vivarais le moulinage, Saint-Étienne la fabrication du ruban. Cette partie du Dauphiné où je suis parvenu me permet de jeter un rapide coup d'œil sur le tissage mécanique. Voiron, d'où j'écris ce chapitre, est à ce point de vue le centre le plus considérable de la région.

La chambre de commerce de Lyon, dans sa grande enquête sur l'industrie de la soierie, a évalué à 209 le nombre des tissages mécaniques ; ils occupaient, en 1889, 25,008 métiers. L'Isère arrivait au premier rang : 73 usines, soit près du tiers, et 12,438 métiers, soit près de la moitié. Le Rhône était au second rang avec 51 usines et 3,708 métiers, la Loire au troisième avec 35 établissements et 3,604 métiers.

Venaient ensuite l'Ardèche, 18 usines et 1,469 métiers ; la Drôme, 10 usines et 1,035 métiers ; la Savoie, 7 usines et 798 métiers ; l'Ain,

6 usines et 655 métiers ; la Haute-Savoie, 2 usines et 650 métiers ; Saône-et-Loire, 6 usines et 681 métiers ; le Puy-de-Dôme, une seule usine occupant 50 métiers.

La ville de Voiron, à elle seule, occupe plus de 4,000 métiers mécaniques, plus que le département du Rhône tout entier ; si on ajoute les chiffres des vallées de la Fure et de l'Ainan qui sont, en somme, une dépendance de Voiron, on doit dépasser 7,000 métiers. C'est donc le centre le plus important de cette industrie.

Le tissage de la soierie n'est pas toujours fait par les fabricants, ces derniers possèdent 68 établissements sur les 209, occupant 9,967 métiers ; les 141 autres usines, bien moins considérables, appartiennent à des industriels à façon qui occupent 15,041 métiers.

Les fabricants ont constitué à Lyon un syndicat qui a distribué à ses membres les résultats d'une statistique au moyen de laquelle j'ai pu établir une carte indiquant les principaux centres de tissage. Leurs 68 usines emploient 2,552 chevaux-vapeur (vapeur effective ou force hydraulique) ; les salaires distribués ont atteint 6,995,500 fr. En admettant ce dernier chiffre comme base, on peut estimer que le tissage mécanique direct ou à façon répand environ 18 millions de salaires

LES TISSAGES DE SOIERIE DANS LA RÉGION LYONNAISE

• *Villes ou villages possédant des usines.*

dont la moitié dans le seul département de l'Isère.

Cette introduction du métier mécanique a causé une révolution profonde et, en somme, favorable, car elle a conservé à Lyon son immense marché de soieries ; sur le chiffre d'affaires de 620 millions fait par les fabricants de tissus de soie, 480 millions sont fournis par la région lyonnaise[1].

Le métier mécanique produit naturellement la plus grosse part des tissus, surtout pour les articles courants. Mais Lyon a conservé 16,000 métiers, faible chiffre auprès de ce qu'il fut jadis ; la cherté de l'existence a amené l'exode à la campagne, que j'ai signalé déjà, de 55,000 métiers[2]. Mais on tente en ce moment, à Lyon, d'enrayer le mouvement d'émigration et de création d'usines en mettant un moteur électrique à la disposition des canuts. C'est pour cela qu'on dérive du Rhône, à Jonage, non loin de Meyzieu, un canal dirigé vers Lyon qui, tout en servant à la navigation, produira une force motrice de plusieurs

---

1. D'après M. Natalis Rondot, voici les chiffres pour les autres villes employant la soie dans leurs tissus : Calais et Caudry 68 millions ; Roubaix-Tourcoing 28 millions ; Amiens, Saint-Quentin, Bohain, etc., 18 millions ; Tours, Nimes, Le Puy, 13 millions ; Midi et Champagne 9 millions ; Paris, 5 millions.

2. Voir dans la 7e série du *Voyage en France*, les chapitres consacrés à la région de Tarare et, dans la 8e série, les chapitres sur le Bugey et la Hollande du Dauphiné.

milliers de chevaux destinée à actionner des dynamos qui porteront, dans chaque atelier de la Croix-Rousse et des autres quartiers de la ville, la force nécessaire à faire mouvoir un ou deux métiers. C'est le plus grandiose effort qui ait encore été tenté pour l'utilisation de l'électricité, il est bien digne de l'énergique et persévérante population lyonnaise.

Le tissage mécanique a dû son développement et sa dissémination à l'abondance de la force motrice dans les montagnes de la région lyonnaise ; les groupes que l'on remarque sur la petite carte que j'ai dressée ne se sont pas créés à l'aventure, ils correspondent à l'existence de cours d'eau à la fois puissants et réguliers.

Si le département du Rhône et les abords immédiats de Lyon ont de rares établissements, le massif forézien et vivarais de Saint-Étienne et d'Annonay, et surtout la région dauphinoise des Terres froides sont littéralement couverts d'usines, l'introduction de la vapeur n'a pu lutter contre ces torrents puissants, dont la pérennité est assurée par les neiges hivernales auxquelles un industriel dauphinois a si justement appliqué le nom de « houille blanche ». Mais la force électrique réserve bien d'autres surprises encore ; lorsqu'on pourra la transporter à de grandes distances sans trop de pertes, on verra Lyon alimenté directement par les chutes solitaires des hautes montagnes, dont on n'a pu utiliser la force à cause de la difficulté d'installer près d'elle de grandes usines; un simple abri pour une turbine et des dynamos suffiraient.

J'ai fait cette digression pour exposer la situation actuelle du tissage mécanique de la soierie, parce que Voiron est le centre le plus considérable pour cette industrie. Maintenant il faut présenter cette vivante et riante cité, bâtie dans un des plus beaux sites du monde. De la Murette, on y arrive donc par l'adorable route dont j'ai parlé, ayant comme direction la belle montagne conique, noire de sapins, terminée par le roc de Vouise sur lequel on a placé une madone. Une descente fort raide conduit au fond d'un joli vallon où l'on rejoint la route de Bourg. C'est déjà la ville; la route se borde de maisons qui prolongent le faubourg de Sermorens, un des grands quartiers de Voiron, un des plus industriels et l'un des plus anciens, puisque, sous le nom de Salmorenc, ce fut le chef-lieu d'un des comtés les plus considérables du Dauphiné indépendant. Les rues en sont étroites et vivantes, elles aboutissent à la Place d'Armes, digne d'une plus grande ville par ses constructions, ses magasins, son élégante fontaine, la vaste église moderne de Saint-Bruno et le cours Senozan qui la prolonge. Ce coin de ville a laissé d'aimables souvenirs à tous les voyageurs qui l'ont vu de la portière des wagons en allant à Grenoble. Voiron, d'ailleurs, ne dément pas cette impression première, malgré ses industries nombreuses, elle a conservé ou plutôt a acquis un charme réel, les superbes montagnes qui lui font un cadre y sont pour beaucoup.

Jadis Voiron n'avait d'autre industrie que la fabrication des toiles, obtenues avec les fils des chanvres excellents de la vallée du Graisivaudan; on y fabriquait les toiles à voile, le linge de corps et le linge de table; naturellement, le tissage à la main était seul connu. Mais les cotonnades et le tissage mécanique du lin dans le Nord ont eu raison de ces vieilles coutumes commerciales, la toilerie tendait plutôt à diminuer; pour donner au consommateur les toiles fines dont il a pris le goût, on a dû aller au dehors chercher des matières premières, lins de Riga et chanvres d'Italie; sans la force motrice de la Morge, peut-être aurait-on vu disparaître cette branche de l'activité voironnaise — mais aussi sans l'excellent esprit des ouvriers qui ont toujours été hostiles aux fauteurs de grève.

Le tissage à la main s'est maintenu ; une quinzaine de maisons font encore travailler les tisse-

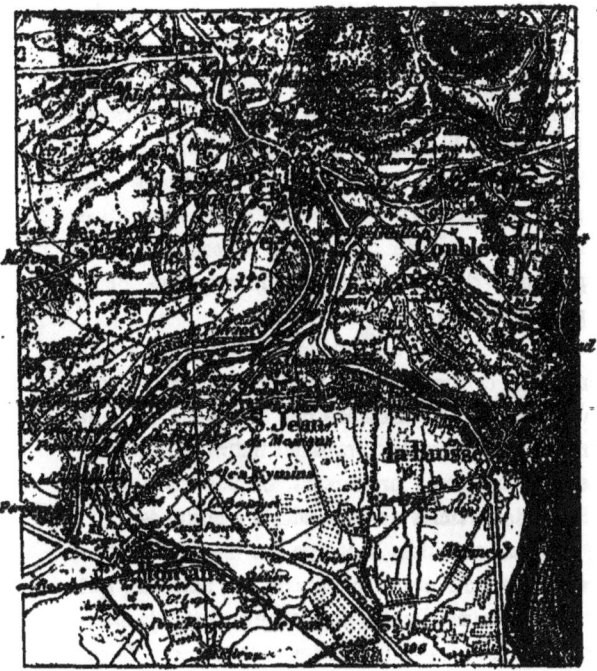

rands de la ville et de la banlieue pour produire les toiles un peu fortes, toujours chères aux ménagères de la campagne. Le tissage mécanique s'attache plutôt à produire les toiles de table, mais il est mal placé; loin des centres d'où viennent les nouveautés, Voiron s'est condamné à ne produire que des articles supérieurs dans ses cinq maisons de tissage mécanique; une d'elles, pour étendre sa clientèle, a créé à Lille et à Armentières des usines où se font les articles courants. En somme, l'industrie de la toile à Voiron est restée prospère. Le blanchissage fait également vivre un grand nombre d'ouvriers ; les autres accessoires de cette industrie : fabriques de battants et de peignes à tisser et peignages de chanvres, occupent un certain nombre de bras.

Mais Voiron et sa banlieue ne sont pas seulement un centre pour la fabrication des toiles et des soieries, la puissance des chutes de sa jolie rivière a depuis longtemps fait naître la papeterie et des martinets produisant, comme ceux de la Fure, des articles de taillanderie renommés.

Dès ses origines, la Morge est une rivière travailleuse, son premier affluent, un ruisseau qui traverse Saint-Nicolas-de-Macherin fait déjà mouvoir les métiers d'un tissage mécanique à façon et les meules d'un moulin servant à broyer le kaolin destiné à être mélangé à la pâte à papier ; près du confluent est une taillanderie. Le cours d'eau a jusqu'alors coulé dans une haute et large vallée de prairies, il entre dans des gorges profondes et superbes, aux flancs couverts de châtaigniers séculaires ; de rocher en rocher, de chute en chute, faisant mouvoir de vieux moulins, il atteint bientôt sa première usine considérable, une des plus curieuses de la région de Voiron, unique même en France, c'est une fabrique de bois d'allumettes, située un peu au-dessous d'une fabrique de satin.

Le site est beau, le torrent roulant avec une rapidité extrême fait mouvoir les roues d'un établissement de modeste aspect où, sans cesse, grincent les scies. Des tas de bûches de bois de sapin s'empilent dans des hangars ; pour invraisemblable que cela puisse paraître, ces bois ne proviennent point des montagnes voisines si riches en forêts. Les sapins des Alpes ne peuvent, paraît-il, fournir les bûchettes dont on fait les allumettes, on tire ces bois de Hongrie et un peu de Suisse. Les bûches sont nettoyées, puis soumises à d'ingénieuses machines qui font tomber, à torrents, des bûchettes rondes ou carrées, suivant les qualités demandées ; une autre machine s'en empare, les trie, jette tous les morceaux qui n'ont pas les dimensions nécessaires ; une troisième secoue ces brins comme dans une poêle à frire, ils viennent se placer d'eux-mêmes en paquets ronds qui sont ensuite liés et emballés entre des lattes formant un cylindre renfermant plus de 200,000 allumettes. La préparation de ces petits bouts de bois est une des choses les plus amusantes que puisse offrir l'industrie. A les voir accourir sous les machines, danser, se présenter d'eux-mêmes à la mise en paquets, on pourrait les croire animés. Les machines de l'usine des Gorges peuvent fabriquer 5 millions d'allumettes carrées et 1 million de rondes par jour.

La création de cette usine pourrait surprendre si l'on n'en connaissait les origines; elle a été installée pour la fabrication des bois de stores, celle des allumettes en a découlé naturellement.

Au-dessous de cette fabrique, créée par M. Noble, la Morge descendait dans un véritable abîme, formant de merveilleuses chutes entre les pentes couvertes de châtaigniers et de prairies; les eaux ont été dérivées et, au lieu de plonger sans profit pour personne, ont été conduites sur le flanc de la montagne, où elles font mouvoir une papeterie dont la disposition singulière est fort rare dans notre pays.

Qu'on imagine un bâtiment de sept étages presque entièrement construit en ciment et formant un bloc cyclopéen; le canal d'amenée descend vers l'un des flancs de l'usine, et, sur quatre étages, fait mouvoir les roues hydrauliques. A l'étage supérieur arrivent les matières premières, chiffons, pâte de bois ou de paille, etc..., à mesure que ces matières ont subi une préparation, elles descendent naturellement à l'étage inférieur pour l'opération suivante. Quand la pâte atteint le rez-de-chaussée, elle est transformée en papier, soumise aux calandres et emballée. En descendant d'étage en étage on assiste ainsi, sans fatigue, à toutes les phases de l'industrie du papier.

Jusqu'à son entrée dans Voiron, la Morge continue à travailler ; elle fabrique des toiles, fait mouvoir les machines d'ateliers mécaniques et celles d'usines où l'on tisse le satin, le velours et la peluche, puis, après avoir traversé la petite cité, arrose une jolie vallée, longée par le chemin de fer et par une route plantée d'arbres magnifiques, sur laquelle s'ouvrent les portes de nombreuses usines : fabriques de velours, de soieries, papeteries, sparteries, fonderie, etc.

Un de ces établissements, la papeterie de Paviot, existe depuis le XVIe siècle. En ce temps, les produits étaient apportés chaque semaine sur le marché de Voiron, à dos de mulet. On ne fabrique ici que des papiers de luxe : papiers pour registre, papiers à lettres et papiers peluche pour copies de lettres. L'usine de Paviot, par ses traditions, est fort intéressante. Au delà commence la petite ville de Moirans, dont les industries sont similaires. La nuit venait, je n'ai pu m'y rendre aujourd'hui ; de même, je n'ai pu visiter encore l'établissement de liqueurs de la Grande-Chartreuse et les distilleries fameuses de Voiron. Je ne manquerai pas de le faire avant d'aller revoir le célèbre couvent.

On comprend que cette activité, si grande pour une ville de 12,000 habitants à peine, ait donné à sa population espoir en des destinées plus brillantes encore. C'est à cela sans doute que l'on doit la création de l'École nationale professionnelle où l'on prépare les candidats aux écoles d'arts et métiers et des mécaniciens de la flotte, et où l'on donne une instruction industrielle sérieuse aux jeunes gens de la région. Cette école n'a de similaire jusqu'à présent qu'à Armentières et Vierzon.

Fondée en 1886, l'école a végété jusqu'en 1890, mais, à partir de cette époque, l'affluence est devenue très grande. Pendant l'année 1894 il y avait 540 élèves ; le nombre des internes dépassait le chiffre prévu ; il ne restait place que pour 100 nouveaux externes.

Voiron a bien fait les choses, elle a donné un terrain de 3 hectares situé sur la route de Voreppe, dans un site fort beau et salubre ; pour la construction on a fait appel à M. Bouvard, l'éminent architecte de l'Exposition de 1900, directeur des travaux de la ville de Paris, originaire de Saint-Jean-de-Bournay. C'est dire que l'école a été établie avec goût. Les bâtiments sont groupés dans un ordre pittoresque et régulier à la fois. Les études y sont excellentes, la bonne mine des élèves fait honneur au climat de Voiron ; aussi, les jeunes gens qui ne rentrent pas dans leur famille pour y travailler du métier paternel trouvent-ils tous à se placer. Il est vrai que, par la variété de ses industries, Voiron offre des ressources très grandes à l'instruction pratique. Les visites aux usines sont fréquentes et fructueuses.

III

LA NOIX DE GRENOBLE

Moirans. — Le Bas-Graisivaudan. — Dans les noyeraies. — Mayette, Franquette et Parisienne. — Le paysage de Cras, Stendhal et La Bruyère. — La fonderie de canons de Saint-Gervais.

Vinay, mai.

Au delà des usines du Paviot, qui ont formé, depuis Voiron, un chapelet ininterrompu, la Morge continue encore à faire mouvoir des turbines ou de hautes roues. Parvenue à l'entrée de la plaine, elle va désormais couler avec une pente insuffisante; aussi, l'industrie s'est-elle empressée de s'établir près des dernières chutes. La petite ville de Moirans en a profité, ses fabriques sont les dernières de l'active rivière.

Moirans a la bonne fortune d'avoir deux chemins de fer et de communiquer facilement ainsi avec Valence, Grenoble et Lyon, mais on a placé la gare un peu trop loin du centre, dans les plaines, plantées de mûriers, qui marquent l'entrée du Bas-Graisivaudan. Par un chaud soleil le chemin semble long pour gagner l'abri des maisons dans les rues de la petite ville, fraîches et endormies à la fois. Aux heures du travail, quand la population presque entière est dans les ateliers de soierie, de papiers ou de céramique, la bourgade a l'air morte ; ses vieilles maisons, restes de l'opulence provinciale d'autrefois, semblent des momies ; mais, à l'heure de la rentrée et de la sortie des ateliers, c'est une ruche bruyante.

Quel admirable cadre que celui de Moirans ! Le paysage qui l'entoure est d'une rare splendeur, même dans le Sud-Est, où abondent les sites grandioses.

La montagne de l'Échaillon, de formes si majestueuses, avec son plateau vert semé de bois et son diadème de rochers, plane comme une reine sur la vallée. Tout autour, d'autres cimes aux formes puissantes se profilent. L'une d'elles, lorsqu'on est près de Vourey, se présente avec la pureté et la douceur de lignes d'un médaillon antique ; les lettrés du pays y voient la tête de Minerve. De fait, le masque est frappant.

La route, ombragée de noyers et côtoyant la colline de Charnècles, présente, à chaque pas, sous un nouvel aspect, la haute chaîne calcaire de la rive gauche. Le fond de la vallée est une véritable forêt, mais une forêt cultivée, soignée avec amour ; ces grands arbres, au dôme de verdure régulier, sont la fortune du Bas-Graisivaudan ; de là viennent les noix de dessert les plus réputées du monde entier : sur chaque rive de l'Isère, jusqu'au delà de Saint-Marcellin, c'est une plantation continue.

La forêt s'interrompt un instant aux abords de Fures, ce gros village gris et banal où la rivière issue du lac de Paladru, après avoir fait mouvoir des centaines de moteurs d'usines, échappe aux gorges profondes pour déboucher dans la plaine, continuant à semer la vie jusqu'à son embouchure dans l'Isère. La beauté du paysage enlève au village un peu de sa vulgarité.

Les montagnes de la rive gauche se dressent ici en falaises régulières. Un des sommets, appelé *le Carré*, est si bien orienté qu'il sert de cadran solaire. Selon la disposition des rayons, les habitants de Vourey, de Fures, de Tullins, de Poliénas et des autres communes de la région des noix connaissent l'heure.

Est-ce pour apercevoir facilement cette horloge économique que les habitants de Tullins ont placé leur promenade en vue du Carré ? De cette place ombreuse, plantée de grands marronniers, on a une vue exquise sur la riche vallée et les montagnes. Sous les beaux ombrages, l'animation est vive ; plusieurs parties de boules sont engagées, suivies avec passion par les curieux, avec ferveur par les joueurs. Tullins est, comme Voiron sa voisine, une pépinière de joueurs de boules, ce jeu national est cultivé avec une conscience presque pieuse.

Le soleil déjà décline, la ville s'éveille de sa sieste. Les joueurs ont-ils appris par le Carré qu'il était l'heure de reprendre des forces ? Les voici qui envahissent les tables du grand café de la place et se font servir du vin qui rafraîchissait à leur intention dans la vasque d'un jet d'eau.

On resterait longtemps dans ce calme et riant repos de Tullins, mais il faut aller visiter les *noyeraies*, — si l'on me permet ce néologisme, je ne trouve pas d'autre mot pour expliquer l'aspect de cette partie de la vallée.

Certes, il y a partout des noix et des noyers dans le Haut et le Bas-Graisivaudan, mais la noix de Grenoble, la gloire végétale de notre Dauphiné, vient surtout dans la contrée comprise entre la Fure et le Tréry, c'est-à-dire de Tullins à Vinay, de la base de la colline à l'Isère. Sur l'autre rive, le bord de la rivière jusqu'à la montagne est également planté de noyers. Là, ils couvrent tout le bas territoire de Saint-Quentin, la Rivière, Saint-Gervais, Rovon, Cognin et Izeron.

De Poliénas à Vinay surtout, le noyer règne en maître, il est l'objet de soins minutieux. Aucune culture à son ombre, aucune entre les rangées d'arbres. La terre est ameublie, retournée, fumée, comme pour produire du froment; on ne laisse aucune herbe dans ces gigantesques vergers. La noix suffit à faire vivre le paysan; avec le produit de la vente, il achète son blé et son vin et s'habille.

Depuis 40 ans surtout, cette culture s'accroît; on plante toujours des noyers, on améliore les anciennes plantations et les débouchés, loin de se restreindre, semblent s'ouvrir davantage. La fortune de ce coin du Graisivaudan suit l'essor de la population américaine, ce sont les États-Unis, en effet, qui achètent la plus grande partie de la récolte.

Bordeaux, le port de Tullins pour ce produit, fait partir, à chaque paquebot de New-York, de véritables cargaisons. Il est difficile de connaître exactement la quantité de noix expédiées, car il en part encore par d'autres voies que les gares de Tullins, Poliénas, l'Albenc et Vinay, mais les trois grands marchands de noix de la région envoient ensemble de 20,000 à 25,000 balles de 100 à 120 kilogr. valant de 55 à 75 fr. par 100 kilogr., en moyenne 57 fr. Un chiffre peut donner une idée de l'accroissement de ce commerce. Un des marchands avait, jadis, une vente réputée considérable de 500 balles, son fils en fait 6,000 aujourd'hui. On évalue à plus de deux millions cinq cent mille francs la valeur de la récolte entre Tullins et Vinay.

Naturellement, la concurrence s'est mise de la partie; la Limagne, le Périgord, le Quercy, vendent aussi beaucoup de noix au dehors; par une sélection rigoureuse, ils arrivent, comme Tullins et Vinay, sur le marché d'Amérique et sur celui de l'Allemagne, mais il reste à la noix de Grenoble sa précocité et sa qualité qui permet l'expédition sans choix préalable.

La plus belle noix dauphinoise, en même temps la plus précoce, ne croît pas dans le Bas-Graisivaudan, elle vient de Vizille. Cette partie de la vallée de la Romanche donne la *mayette*, mûre huit à dix jours plus tôt que la noix de Tullins, et à ce point de vue, noix de primeur, partant, de grand prix; mais ce sont des négociants de Tullins et de Vinay qui vont acheter la mayette de Vizille et la répandent sur les marchés des grandes villes.

La mayette, que l'on récolte donc un peu plus tard au bord de l'Isère, est une noix ronde, à la base un peu renflée, discrètement plissée et de teinte très claire.

La *franquette,* au contraire, variété appelé *corne* en Périgord, est longue, étroite, elle a la pointe très aiguë et piquante.

La troisième variété est la *parisienne;* elle est plus courte, plus renflée, profondément ridée et gravée, la teinte est plus sombre.

Telles sont les trois espèces de noix qui se partagent les faveurs des amateurs de dessert ; la plus belle de forme, de taille et d'aspect est incontestablement la mayette.

Par la culture raisonnée de la noix de dessert, les habitants du Bas-Graisivaudan sont parvenus à ne pas souffrir de la diminution de la consommation des huiles. On sait que l'huile de noix, si elle a conservé ses fervents, bat un peu en retraite devant l'invasion de l'huile d'olive ou plutôt de l'huile de graine de coton, vendue sous le nom d'olive dans une grande partie du monde. Cependant, le goût de l'huile de noix se maintient dans quelques régions; Tullins et Vinay ont des débouchés considérables en Suisse pour le produit de leurs presses. L'industrie de l'huile se maintient donc, complétée par le colza, dont l'huile fournit aux fritures du Dauphiné et du Lyonnais leur âpre senteur.

Les noyers n'ont pas échappé aux maladies qui sévissent sur les végétaux. M. Rouault, professeur d'agriculture de l'Isère, a constaté deux parasites, l'un sur les feuilles, l'autre sur les racines ; ce dernier a fait périr rapidement de nombreux arbres. On le reconnaît à des lésions, « sortes d'hypertrophies tubéreuses d'aspect chancroïde. L'ablation, suivie de badigeonnages caustiques, a donné d'assez bons résultats. Pour les jeunes branches, les fruits et les feuilles, on a essayé de faire des sulfatages comme pour le mildew, mais les dimensions de l'arbre rendent l'opération difficile. » La rigueur de la température en 1893 et 1895 a été pour beaucoup dans l'accroissement de la maladie. On pourra rendre vigueur aux arbres en leur donnant les sels dont ils sont privés. En analysant minutieusement le sol et en comparant les résultats de l'analyse, à ceux obtenus par l'examen des cendres du bois, des feuilles, des coquilles et des amandes, on peut juger des éléments enlevés au sol par l'exportation de la noix, et les restituer sous forme d'engrais rigoureusement dosés.

N'est-il pas curieux de voir comment un seul arbre suffit à enrichir un pays ? Les habitants de la vallée de l'Isère ont su tirer parti, avec une intelligence extrême, de la source de fortune que leur donnait le précieux noyer. Ils pourraient ne pas s'en tenir là. Par exemple, le châtaignier n'est pas l'objet des mêmes soins. Son fruit, plus succulent que celui du Vivarais, est moins gros ; il y aurait peut-être moyen de lui donner la qualité qui lui manque ; alors, la plaine, avec ses *noyeraies*, les pentes et le sommet des collines, avec les *châtaigneraies*, seraient incomparables, aucune autre région agricole en France, — sinon l'heureuse zone d'Ampuis à Serrières, embellie et enrichie par la cerise et l'abricot[1], — ne donnerait plus l'idée de l'opulence.

Ah ! le beau et bon pays, bon par sa lumière et par sa vie facile, beau par l'ampleur des paysages, la profondeur des horizons et les lignes heureuses des montagnes !

On en juge surtout en suivant la route de Saint-Marcellin, par laquelle je suis allé visiter ce qui fut la fonderie nationale de Saint-Gervais. Ce large ruban monte lentement au flanc de belles collines aux formes fières, jusqu'au large bassin de Cras, rempli de noyers et de mûriers. Ce nom de Cras m'a fait souvenir d'un passage de Stendhal, cité par Sainte-Beuve :

---

1. Voir 7ᵉ série du *Voyage en France*: Vienne et le pays des cerises.

« Par malheur, il n'y a pas de hautes montagnes auprès de Paris : si le ciel eût donné à ce pays un lac et une montagne passables, la littérature française serait bien autrement pittoresque. Dans les beaux temps de cette littérature, c'est à peine si La Bruyère, qui a parlé de toutes choses, ose dire un mot, en passant, de l'impression profonde qu'une vue comme celle de Pau ou de Cras, en Dauphiné, laisse dans certaines âmes. »

Dans quel passage La Bruyère a-t-il parlé de Cras, je l'ignore et n'ai guère chance de m'en assurer ici, mais La Bruyère avait bien choisi son exemple. Peu de vues sont plus belles que celle découverte non de l'humble hameau, mais des hauteurs traversées par la route, splendide belvédère, d'où l'on découvre toute la chaîne du Vercors, depuis le bec de l'Échaillon jusqu'aux plaines de Valence, les montagnes de Voiron, les hautes collines boisées qui portent la forêt de Chambarand, la plaine de l'Isère, large, verte, opulente, et les collines couvertes de vignes, de mûriers, de châtaigniers et de noyers. C'est une des parties de notre pays qui ont le plus frappé nos aïeux par leur richesse et leur aspect de bien-être.

Cet observatoire des collines de Cras se dresse à plus de 200 mètres au-dessus de la plaine de l'Isère, fort large ici ; brusquement, un rameau formant une arête aiguë dévie vers Poliénas et vient dominer la rivière; superbe promontoire troué par le chemin de fer et surgissant au milieu des arbres. En face, dans un abîme de verdure, au pied des formidables escarpements du Vercors, dans une petite plaine admirablement cultivée, sont deux villages à demi masqués par les noyers : Rovon et Saint-Gervais. Un pont les relie à la rive droite, près de noirs bâtiments abandonnés. C'est la fonderie de canons de la marine de Saint-Gervais, qui passa longtemps pour le modèle des établissements de ce genre, avant même Ruelle et Nevers.

La présence d'une fonderie de canons pour les navires de guerre en un tel lieu est faite pour surprendre. En réalité, elle s'explique aussi bien que celle de Ruelle, mieux encore peut-être, car aux temps, si près de nous, où l'on se contentait de canons en fonte pesant moins de 2,000 kilogr. et coûtant 2,000 fr. à peine, Saint-Gervais, possédant la force motrice naturelle, trouvant en abondance les charbons de bois dans les montagnes voisines, pouvant expédier les produits par la voie de l'Isère et du Rhône, était fort bien placée. Lorsqu'en 1619 la marquise de Virieu, femme du président de Saint-André, créa la fonderie, on ne prévoyait ni l'emploi de la houille et de la vapeur, ni les monstrueux canons modernes. Même, de nos jours encore, au milieu de ce siècle, la situation de Saint-Gervais paraissait si favorable à l'armement de nos flottes de Toulon, que l'on transforma l'établissement enfumé en une belle usine. En 1867, on abandonna tout cet ensemble pour concentrer la fabrication des canons de la marine à Ruelle, guère mieux placée cependant, plus éloignée même des charbons et des fers, et à Nevers dont l'usine fut, quelque dix ans après, également transférée à Ruelle.

Saint-Gervais manquait de minerai, elle devait en tirer d'Allevard, d'où lui venait en outre la plus grande partie de ses fontes; tant qu'il n'y eut pas de chemin de fer, le transport fut très coûteux; même la voie ferrée du Graisivaudan ne vint desservir Saint-Gervais que de façon insuffisante, la gare de l'Albenc était loin, on devait traverser l'Isère sur un pont suspendu. Aussi, les charbons de Saint-Étienne, lorsque le bois fut détrôné dans les forges, ne vinrent-ils à Saint-Gervais que grevés de frais considérables. C'étaient évidemment des inconvénients, on aurait pu y remédier en créant un court embranchement de voie ferrée, mais, lorsqu'on dut abandonner l'ancienne artillerie, on a préféré concentrer la fabrication à Ruelle.

Le champ d'épreuves était large et commode. La butte était constituée par la haute berge terreuse de la rive droite de l'Isère, les boulets franchissaient le cours d'eau pour aller s'enfoncer dans le sol. De vieilles gravures représentent ces expériences, les canons sont des jouets d'enfants auprès de ceux usinés aujourd'hui au bord de la Touvre.

L'aspect d'abandon de la fonderie de Saint-Gervais est navrant. L'usine fut un modèle, jadis, par son ensemble et son outillage; elle passait pour la plus belle de ce genre. On citait comme un tour de force ses « bancs de forerie » qui foraient un canon en 60, 80 ou 90 heures. Nous sommes loin de tout cela, aujourd'hui !

IV

VOIRON ET LA CHARTREUSE

Les liqueurs. — Voiron et ses rivales. — Les étiquettes de Claude Brun. — Les magasins de chartreuse. — En route pour le couvent. — Saint-Laurent-du-Pont. — Les gorges du Guiers. — Saint-Pierre-de-Chartreuse. — La ganterie dans la montagne. — Chamechaude. — Le Sappey. — Le col de Vence. — Descente à Grenoble.

Grenoble, mai.

Le Dauphiné est le pays classique des liqueurs. Même si la chartreuse n'était pas la grande illustration gastronomique de la province, les produits exquis de Voiron, de Grenoble et de la Côte-Saint-André, ceux d'autres villes encore mériteraient d'être célébrés. Qui ne connaît ces gourmandises de dessert et de digestion appelées le china-china et le ratafia? qui n'a savouré les choses délicates marquées d'un triple roc et qui font la célébrité de la Côte-Saint-André? A côté de cette aristocratie des liqueurs, il en est bien d'autres encore dignes d'être citées, comme le genépi des Alpes, ce vulnéraire que l'on retrouve partout dans le Sud-Est.

Voiron est la capitale pour la région des liqueurs, le voisinage de la Grande-Chartreuse a piqué d'honneur les indigènes. Un homme de génie — pour la réclame — en même temps que distillateur émérite, avait fait un instant de cette ville une sorte de Mecque pour les préparations alcooliques. J'ai nommé Claude Brun, inventeur du *China-China*.

Déjà, le Dauphiné avait des liqueurs exquises, mais le triomphe en était plutôt modeste; la grande distillerie de la Côte remontait à 1780 et se bornait à se faire connaître par l'excellence des produits. Claude Brun, pharmacien à Voiron, doublement bourgeois par son métier et par son caractère, se mit, vers 1807, à fabriquer des liqueurs dont les noms sont toute une période de notre histoire. Pendant quarante ans, l'infatigable distillateur produisit nectar sur nectar, comme on disait en ces temps-là.

Brun avait un véritable talent d'artiste; il fit, pour ses produits, des étiquettes fort amusantes, quelquefois charmantes. Mon excellent ami Paul Guillemin, inspecteur général de la navigation à Paris, le plus Dauphinois et le plus passionné des collectionneurs, a eu la curiosité de réunir toutes les étiquettes de bouteilles à liqueurs de notre chère province. La place d'honneur revient incontestablement à Claude Brun ; il a des trouvailles étonnantes, il est plus impérialiste que l'empereur, plus chartiste que la Charte et, vers 1830, plus pompier, plus philistin que cela n'est légitimement permis.

Paul Guillemin a écrit dans les *Alpes illustrées*, en 1892, un bien amusant article qui m'a permis de suivre de près l'histoire de la distillerie à Voiron. En 1807, Claude Brun arrive avec le *Nectar des chevaliers de la Légion d'honneur*; il se borne alors à une croix gravée, mais lorsqu'il offre aux buveurs la première absinthe, en 1810, il donne libre carrière à son imagination. Sur un nuage, une déesse, Flore sans doute, en costume léger du temps, contemple deux guerriers, un officier d'infanterie et un officier de houzards, ce dernier verse à l'autre, ravi, le *Balsamum absinthii triplicis (salubris hygieia)*, *Breuvage prophylactique, parégorique et talismanique*. L'absinthe d'alors n'avait pas les qualités prétendues de celle d'aujourd'hui; ce n'était pas un apéritif, au contraire, elle avait, selon Claude Brun, les qualités de l'élixir de Chartreuse. Un rébus affirmait qu'elle était inimitable.

L'*Élixir des Braves* vint ensuite; il rappelle encore les temps héroïques. Avec la *Valeureuse*, nous avons la légende de Cambronne : le général, et trois ou quatre hommes, débris de la vieille garde, sont enfermés entre les lignes des Anglais et des Écossais. Le sabre levé, l'air lugubre, encore debout sur ses étriers, Cambronne répond aux Anglais : « La garde meurt et ne se rend pas. »

La Restauration prêta peu à l'inspiration de Claude Brun, mais ses sentiments libéraux se réveillèrent lorsque La Fayette parcourut le Dauphiné, ou se rendit en Amérique : les trois nectars de *Washington*, des *Américains* et des *Mexicains* marquèrent ces événements bien oubliés aujourd'hui.

Une flotte aux pavillons variés détruit, dans un combat acharné, une autre flotte au pavillon orné d'un croissant, qu'un incendie achève de détruire ; cela représente la *Bataille de Navarin*.

La marine fut célébrée encore au moment de la prise d'Alger : le liquoriste voironais fit paraître le *Nectar de la Marine*. L'étiquette représentait un navire sous voiles prêt à défoncer les murs du fort de l'Empereur. La conquête était scellée par un soldat embrassant une bergère !

Claude Brun affirme de nouveau ses sentiments civiques par l'*Eau de consolation*. Les soldats de toutes armes, réunis autour de la colonne Vendôme, boivent le nouvel élixir. Presque aussitôt après, c'est le *Nectar de la Charte de 1830*.

Les luttes de l'Algérie nous valent le *Nectar de Mazagran*. Sur un fortin moyenâgeux au-dessus duquel flotte, déchiqueté, le pavillon tricolore, les 123 « lapins » du capitaine Lelièvre font faire le saut à d'audacieux Arabes qui ont voulu gravir la muraille; au sommet de l'étiquette, on lit : *123 contre 10,000*. L'Algérie nous vaut encore le *Schenik du soldat laboureur* et le *Zanziber des Arabes*.

Claude Brun fut-il de la pacifique garde nationale ? On pourrait le croire, car il n'a bientôt plus que des choses doucereuses, tel son *Loock pectoral, Eclegme aux fleurs cordiales confectionnée d'après les principes de Chimiatrie*. Puis une foule d'inventions : la *Crème aux Girofles*, le *Petit-lait d'Henri IV*, l'*Eau du Chasseur* et toute une série de « crèmes ». Mais la grande invention fut le *China-China*, qui montra, en 1834, une vue de Voiron et la légende : *Neserat spiracula culi*.

Dix ans plus tard, Claude Brun ayant sacrifié au romantisme avec la *Crème du Poète*, saluait la polka nouvellement introduite en France. Un rapin échevelé, coiffé d'un énorme chapeau-tromblon, danse le cancan avec une grisette en un cadre de bal de barrière, et c'est la *Liqueur à la polka*.

Sous le second Empire on vit l'*Élixir Garibaldi*,

la *Liqueur des braves de Crimée*, la *Liqueur de Sébastopol*, et la *Liqueur des Sapeurs-Pompiers*.

Par ces citations déjà longues, on voit qu'une collection des produits de feu Claude Brun serait un véritable cours d'histoire moderne. Mais à vouloir en analyser toutes les *pages*, on y perdrait bientôt la raison.

Les continuateurs du fameux liqueriste ont abandonné ces traditions ; ils se bornent à produire les deux ou trois *œuvres* qui ont survécu. Avec les autres distillateurs voironnais, ils distillent environ pour 2 millions et demi de liqueurs par année. Les Chartreux en fabriquent beaucoup plus : leur vente atteint, dit-on, 7 millions.

Voiron est, pour la *chartreuse*, l'entrepôt et le centre d'expédition ; les magasins et les caves où séjournent les eaux-de-vie sont une des grandes curiosités de la ville. Les caves surtout sont immenses et feraient honneur à un propriétaire du Médoc. Pour cette énorme exploitation, le nombre d'ouvriers est très faible : 45 hommes suffisent à la fabrication des caisses et à l'emballage. Le service des écritures demande, à proportion, un personnel bien plus nombreux, il ne nécessite pas moins de 18 comptables. Un embranchement spécial du chemin de fer dessert les entrepôts. Chaque jour, à cinq heures du matin, les voitures chargées du transport viennent prendre à Voiron les matières premières, c'est-à-dire les eaux-de-vie de vin qui forment la base de la fameuse liqueur. Ces eaux-de-vie sont toutes françaises aujourd'hui, mais un moment, pendant le grand fléau du phylloxéra, il fallut s'adresser au Portugal ; le Midi de la France, ayant reconstitué ses vignobles, a repris ses fournitures.

En dehors des eaux-de-vie, le service de camionnage des Chartreux doit assurer chaque jour les vivres des 150 religieux du couvent et, pendant l'été, des 25,000 touristes qui s'y succèdent. Quelque temps qu'il fasse, même par la neige, ce service fonctionne : trente chevaux y sont employés ; le convoi part le matin à 5 heures et rentre à Voiron à 6 ou 7 heures du soir avec les caisses de liqueur. Celle-ci ne se fabrique pas à la Grande-Chartreuse même, mais à Fourvoirie, entre Saint-Laurent-du-Pont et le couvent. Quatre ou cinq frères et trente ouvriers suffisent à la fabrication. La distillation et la comptabilité sont donc en dehors du couvent ; même les lettres de commande envoyées à la Grande-Chartreuse sont retournées à l'agent général de Voiron.

La fabrication des caisses entre pour une grande part dans l'industrie des religieux ; la moitié seulement se fait aux ateliers de Voiron, le reste est produit par des paysans travaillant à moments perdus. Quarante familles y trouvent une occupation. On me racontait, pendant ma visite, que l'agent commercial du couvent ayant remarqué, à Saint-Claude, une machine qui produisait les caisses dans des conditions extraordinaires de rapidité et de bon marché, s'en alla, tout réjoui, recommander cette mécanique au supérieur; celui-ci l'écouta en souriant et lui dit simplement :

— Votre machine nourrira-t-elle les ouvriers qu'elle va priver de travail ? Non, sans doute, eh bien, restons-en là !

On n'a guère fait appel au dehors que pour les paillons qui servent à l'emballage. On les tire de Mont-de-Marsan, mais si jamais les cultivateurs de la plaine de Bièvre s'avisaient de fabriquer des paillons pendant l'hiver, on s'adresserait sans doute à eux de préférence. Il est vrai que le paysan dauphinois préférera toujours son métier de canut, battant gaîment pendant qu'au dehors s'étend, immaculée, la nappe blanche de la neige.

J'aurais voulu voir fabriquer la fameuse liqueur, mais l'usine de Fourvoirie est jalousement close aux profanes ; je n'en ai aperçu que les murs pendant la belle excursion dans laquelle voulut m'accompagner mon cicerone dans les usines de Voiron, M. Robert, devant qui toutes les autres portes s'étaient ouvertes.

Faut-il raconter cette course à la Grande-Chartreuse ? Elle est devenue si classique qu'on paraîtrait avoir découvert le bois de Boulogne. Aujourd'hui surtout, où le chemin de fer de Voiron à Saint-Béron conduit en une heure à Saint-Laurent-du-Pont, la partie la moins attrayante du voyage est rapidement faite. La splendide ascension des pentes de Coublevie se fait commodément ; des fenêtres et des plates-formes de la petite ligne ferrée, on voit s'élever et grandir les lignes de si grande splendeur des montagnes riveraines de l'Isère et se détacher, comme en un plan, le merveilleux bassin de Voiron. La voie court dans une contrée riante, couverte de prairies ombragées de grands arbres, arrosées de jolis ruisseaux, entre le haut massif boisé du Ratz et celui de Saint-Geoire. Voici Saint-Étienne-de-Crossey, puis le défilé fameux du Grand-Crossey, dans lequel, entre les parois rocheuses, les éboulis, les ravines, la route et le chemin de fer se sont frayé passage par la poudre et le pic. Péniblement, on monte dans la gorge, rapidement on descend ; voici les monts de la Chartreuse, farouches par leurs escarpements, superbes par leurs bois de sapins. C'est ensuite la marécageuse

VOIRON ET LA CHARTREUSE.   65

vallée de l'Hérétang, Saint-Joseph-de-Rivière, coquet village, et bientôt Saint-Laurent-du-Pont, petite capitale de la région de la Chartreuse.

C'est une ville régulière, car elle a été reconstruite après un incendie fameux ; ses larges rues,

ses maisons hautes aux larges auvents, ses nombreuses auberges, ses cabarets, les voitures d'excursion devant les portes en font une des plus actives bourgades des Alpes. Le marais, la forêt de la montagne, le Guiers et le couvent font sa prospérité. Le marais fournit l'osier mis en œuvre par ses ateliers de vannerie ; la forêt fournit les bois de sapin et de hêtre, les scieries du Guiers les débiteront en planches, les industriels locaux les transformeront en boîtes pour emballer les fruits confits. Le couvent, par le flot des touristes qui traversent Saint-Laurent, alimente les auberges ; pour ces mêmes touristes on fabrique les « souvenirs » des Alpes, objets de voyage, liqueurs, parfumerie à la flore alpestre. En outre, Saint-Laurent-du-Pont tourne le bois, fait la taillanderie, taille les limes. Ses tuileries permettent de remplacer peu à peu par les tuiles, les toits de chaume et de bardeaux qui, si souvent, propagèrent l'incendie dans les hameaux de la montagne.

Les Chartreux ont beaucoup fait pour Saint-Laurent : ils ont, en partie, reconstruit le bourg après l'incendie de 1854 ; ils ont, à leurs frais, réédifié l'église ; un superbe hôpital dédié à Saint-Bruno a été récemment ouvert. C'est une merveille de goût et d'élégance ; on l'a complété par un refuge ouvert aux trimardeurs, qui abondent à ce croisement de routes entre le Dauphiné et la Savoie, attirés, d'ailleurs, par la réputation de générosité du couvent. Ils y trouvent, pour un court laps de temps, des lits — il y en a 25 — le vivre et surtout quelques soins d'hygiène, leurs vêtements sont lavés et réparés, ils ont des bains et du savon et sortent de là un peu présentables, si, vraiment, ils veulent se mettre au travail. N'est-ce pas une forme bien ingénieuse de la charité?

Les gorges du Guiers s'ouvrent à Saint-Laurent même ; le torrent débouche par une vallée assez large qui, bientôt, se rétrécit. Cet étranglement produit naturellement une chute dont les eaux ont été utilisées, il y a plus de deux siècles, pour faire mouvoir un martinet établi par les Chartreux ; une taillanderie et une papeterie ont remplacé l'antique forge ; en face, sont les bâtiments de Fourvoirie, où les Pères font fabriquer leur fameuse liqueur. A partir de là, jusqu'au couvent, le paysage est vraiment fort beau, il mérite la réputation dont il jouit dans le monde entier ; pour qui pénètre pour la première fois dans les montagnes en suivant cette route hardie, taillée en corniche au-dessus du torrent aux eaux limpides, l'impression doit être grandiose et ineffaçable. Ces hautes parois rocheuses, couvertes de sapins mêlés de hêtres et de bouleaux, l'abîme sombre où mugit le Guiers, l'absolue solitude dans laquelle on se trouve, produisent un indéfinissable sentiment, une sorte de religieuse terreur. Naturellement, pour l'éprouver, il faut aller seul, à pied ; si l'on fait la route avec le troupeau des touristes aux plaisanteries faciles et aux admirations banales, le charme est bientôt détruit.

Sans les carrières, qui ont foré la montagne pour en extraire la roche à ciment, sans une scierie, qui pousse son cri strident sur le bois qu'elle débite, ce serait un désert à cette heure matinale.

Voici le pont Saint-Bruno, au-dessous duquel, à 42 mètres de profondeur, écume et bondit le torrent. De là se détache la route du fameux monastère.

Je ne ferai pas ici la description du couvent, de ses nocturnes services religieux, de ses galeries tranquilles. Ce serait recommencer un récit qu'on trouve partout.

Ce jour-là, nous ne fîmes qu'un court séjour à la Grande-Chartreuse, nous voulions gagner Grenoble par le Sappey, route superbe, moins fréquentée que celle de Saint-Laurent-du-Pont à cause de sa longueur. C'est bien une excursion de montagne ; la route de Saint-Laurent-du-Pont est belle aussi, mais, dans cette cassure des monts calcaires, on est abîmé dans le massif, on n'a pas la sensation de l'altitude. La route du Sappey franchit les monts à 1,354 mètres, c'est déjà un col fort élevé.

La route passe devant la Courrerie, antique annexe du couvent, que les Chartreux accroissent pour y abriter leurs malades ; sous les sapins, elle gagne le beau bassin où le Guiers-Mort reçoit le torrent des Corbeilles, en vue de la riante et calme vallée où Saint-Pierre-de-Chartreuse sème ses maisons, les hôtels et les villas d'une naissante station. C'est un des jolis coins du Dauphiné, cette grande conque de verdure douce ou sombre, dont les bords sont formés par d'immenses rochers aux formes hardies. Le peu d'étendue des champs et des prés contraste avec la densité des populations assemblées dans ces verdoyantes vallées. C'est que l'industrie est venue apporter ici la prospérité. Si les hommes s'occupent de l'exploitation des bois, de la conduite des étrangers dans la montagne et de l'élevage du bétail, les femmes travaillent pour Grenoble ; dans tous ces hameaux, même l'été, dans quelques « haberts » de la montagne, les femmes et les jeunes filles travaillent, de la pointe du jour au crépuscule, à la piqûre des gants coupés à Grenoble et qui trouvent ici une de leurs dernières préparations. Déjà même les machines, jusqu'alors confinées dans les ateliers grenoblois, ont fait leur apparition.

A Grenoble, les gants coupés sont attachés par

douzaine de paires; dans le paquet est le fil nécessaire pour la couture et les indications qui permettront aux piqueuses d'accomplir leur tâche.

Chaque village possède un contremaître ou, si l'on préfère, un commissionnaire qui centralise les peaux à distribuer ou les gants à recevoir. Les environs de Grenoble, le massif de la Chartreuse surtout, sont le centre de cette aimable industrie, mais les montagnes du Villars-de-Lans et de l'Oisans, la vallée d'Allevard et la Mateysine, la région de Mens et, dans le Graisivaudan, le Touvet et Chapareillan, enfin, Crémieu, si à l'écart dans son isle, sont également de grands centres pour la couture. Malgré l'intervention des machines, les campagnes du Dauphiné ne cessent pas de voir augmenter le nombre des ouvrières.

En remontant la vallée de Saint-Hugues, si franchement pastorale avec ses vastes pâturages et ses bouquets de sapins, couronnée plus haut par la noire futaie et les à-pics du Charmant-Som, nous avons rencontré, marchant du pas mesuré et sûr des montagnardes, une femme portant un paquet. Ce sont des gants à coudre qu'elle va distribuer ainsi de hameau en hameau, où elle prend les gants cousus. Ce doit être un pénible métier : nombreux sont les groupes de maisons éloignés dans les alpages, perdus dans les bois, bâtis au fond de combes profondes. Dans cette région, les bourgs sont rares et petits, bien que chefs-lieux de communes populeuses, parce que les habitants sont disséminés sur de vastes espaces.

Malgré l'évident bien-être de ce pays, car une ouvrière peut coudre deux douzaines par jour et la douzaine est payée 1 fr., je n'ai pas vu, sans un serrement de cœur, accourir des garçonnets et des fillettes pour offrir des fleurs, gentianes et œillets roses ; malgré la grâce du geste et du bouquet, ce n'en est pas moins de la mendicité. L'affluence des touristes, la facilité avec laquelle beaucoup accordent une pièce encouragent ce vice inconnu autrefois dans cette fière province. Les municipalités du Dauphiné devraient y veiller, un tel mal prend vite les proportions d'un fléau ; en Bretagne, par exemple, on a laissé se développer la mendicité enfantine à un degré qui rend les excursions presque odieuses ; on ne peut faire un pas sans être suivi par une nuée d'enfants, dont on ne peut se débarrasser[1]. On n'en est pas encore là en Dauphiné, mais on fera bien d'enrayer le danger.

On traverse des hameaux, d'autres sont en vue, mais ils se font bientôt rares ; le dernier, les Cot-

---

1. Voir 5° série du *Voyage en France*, p. 189.

laves, domine de haut la route. La forêt commence alors, superbe dans son silence ; la colonnade des sapins, le sous-bois plein d'airelles et de fleurs se prolongent jusqu'aux abords du col. Au-dessus, se dresse l'énorme pyramide de Chamechaude aux puissantes falaises. Ce point culminant (2,087 mètres) du massif de la Grande-Chartreuse est une des plus étranges formations de ce système montagneux aux formes extraordinaires. Brusquement jaillissent, au-dessus d'une immense croupe boisée, les puissantes assises, semblables à quelque forteresse de géant. Jusqu'au col on a ainsi, sur sa tête, la formidable silhouette rocheuse ; elle plane au-dessus de l'étroit espace gazonné d'où les eaux, suivant des pentes opposées, vont, d'un côté, au Rhône, de l'autre, à l'Isère. Le col s'ouvre comme un couloir à l'extrémité. La route, toujours en vue de Chamechaude, puis, pénétrant de nouveau dans la forêt, monte un instant pour gagner le col de Palaquit et descendre rapidement dans le verdoyant bassin du Sappey, rempli de hameaux blancs épars dans les verts pâturages. La crête régulière du mont Eynard, terminée par sa puissante citadelle, ferme, à l'est, la riante vallée. Partout, sur la route, dans les maisons, les actives machines travaillent à la couture des gants.

Le chemin domine maintenant, à une grande hauteur, le ravin où le torrent de Vence coule de cascade en cascade. Cet abîme est de grande allure ; les hautes murailles de rochers, les bois qui se penchent au-dessus de la fissure, le bruit des eaux invisibles, composent un tableau presque tragique ; tout cela disparaît tout à coup : après une courte montée, on atteint le col de Vence et, comme évoqué par une baguette magique, apparaît le plus prestigieux des décors. Les montagnes riveraines du Drac, hautes, sévères, farouches, surgissent, prolongeant jusqu'à la Grande-Moucherolle leur étonnante arête de roches rousses ; au fond, merveilleux dans son isolement, sa hauteur, l'élégance de son fût, se dresse le mont Aiguille. Au-dessous de nous, la large plaine du Graisivaudan, si verte, traversée par l'Isère sinueuse, bordée de villages, s'étend jusqu'à la puissante chaîne de Belledonne, blanche de neige et de glaciers. La verdure profonde des premiers plans fait mieux ressortir encore l'âpreté des rocs et la blancheur des hautes cimes. C'est un éblouissement que cette vue, la plus belle peut-être de toutes les Alpes françaises, c'est-à-dire de la France entière.

La descente vers la plaine de l'Isère commence aussitôt, elle paraîtrait vertigineuse si l'on n'était sans cesse sollicité par la splendeur du paysage. On passe au pied du Saint-Eynard, on le contourne tout en plongeant, pour ainsi dire, dans la merveilleuse vallée ; le rocher ardu, muraille gigantesque surmontée par les murailles construites par les hommes pour enfermer les canons et la garnison d'une citadelle, semble s'accroître encore, il s'élève peu à peu, comme un château de féerie. Le fort, si hardiment dressé, est à plus de 800 mètres au-dessus de l'Isère.

La route, déroulant ses amples lacets, arrive au-dessous du fort, surplombant une autre défense, le fort de Bourcet. De l'angle aigu fait en ce point par le chemin, on découvre maintenant tout le Graisivaudan, de Grenoble aux confins de la Savoie, tout couvert de champs de blé et de maïs, de vignes et de mûriers, des centaines de villages et de hameaux parsèment la plaine, les coteaux, les terrasses et le flanc des montagnes. Au fond, comme une borne triomphale, le mont Blanc, en ce moment tout rose sous les feux du couchant, se dresse dans sa puissante et sereine majesté.

Le soleil rougit les neiges de Belledonne, étincelle sur les glaciers, met des reflets bleus dans les forêts de sapins, transforme en velours éclatant les prairies et les champs. Les cascades, fils

éblouissants descendus des rochers, brillent d'un
éclat plus doux.

Mais la nuit arrive, il faut poursuivre la route.
La végétation a changé, aux prés pleins de narcisses, aux sapins projetant sur les pentes des
ombres mystérieuses, succède une nature plus
douce et joyeuse; des vignobles, des vergers, des
jardins pleins de fleurs éclatantes entourent le
village de Corenc et le château de Bouquéron,
devenu station balnéaire, mais fier encore sur son
rocher. C'est maintenant la banlieue aimable d'une
grande ville. Dans le fond, Grenoble, largement
étalée dans ses remparts, entre les pentes abruptes
du mont Rachais et le large lit du Drac encombré
de graviers gris. Les murailles des jardins et les
maisons masquent souvent l'horizon, on n'a plus,
que par de rares échappées, l'admirable vue de la
vallée. Voici, entouré de ses vignobles, le gros
village de la Tronche, qui est, pour les Grenoblois, ce qu'est le Bas-Meudon pour les Parisiens. En réalité, ce beau faubourg aux maisons
peintes, semées dans les jardins, entourées de
vignes dont le vin est fameux en Dauphiné, c'est
déjà Grenoble. Incessamment, les voitures et les
omnibus le relient à la ville. Ses industriels dépendent de celle-ci. La Tronche fait des gants

comme sa grande voisine, elle a de vastes ateliers pour la teinture et la préparation des peaux. Sous peu d'années, lorsque les rues projetées à travers l'Ile Verte auront été percées, une longue avenue reliera le cœur de Grenoble au cœur de la Tronche. La commune suburbaine sera alors officiellement, ce qu'elle est de fait, partie intégrante du chef-lieu.

Voici la rivière, puis le colossal escalier de fortifications qui se dresse jusqu'au fort Rabot et, presque collées contre la montagne, les hautes et grises maisons du quartier Saint-Laurent.

Nous sommes à Grenoble.

V

GRENOBLE

Le Dauphiné et le tourisme. — Grenoble. — Du haut du mont Rachais. — La ganterie. — Avocat, passons au déluge ! — Les chevreaux des Alpes. — Triage et teinture des peaux. — Le découpage. — La main de fer. — Piqûres et finition. — Le commerce grenoblois. — Fabrication des boutons et fermoirs.

Grenoble, mai.

Longtemps la France s'est laissé distancer par la Suisse dans l'art d'attirer les touristes et de faire connaître les beautés de son sol. En vain avait-elle dans ses montagnes du Jura, des Alpes, des Cévennes, d'Auvergne, du Morvan et des Pyrénées, des sites superbes comparables aux régions les plus vantées des pays voisins, le public continuait à suivre la foule courant aux lacs d'Helvétie, de Lombardie et d'Écosse. Tout au plus le grand troupeau des excursionnistes connaissait-il la Chartreuse, qu'il fallait avoir vue ; en dehors de cela, en dehors des villes d'eau consacrées par la mode comme Aix-les-Bains, Cauterets ou Luchon, on ignorait tout de ces merveilles que la

France présente à chaque pas dans les hautes régions.

Enfin un mouvement s'est produit; les Dauphinois, frappés de ce qui se passait en Suisse, où l'on a offert aux voyageurs des facultés d'excursions si grandes par les chemins de fer de montagne, les bateaux et les services de diligence, où l'on a créé des hôtels, toujours confortables, souvent somptueux, jusqu'en des régions qui semblaient condamnées à une solitude perpétuelle, ont tenté de déterminer une transformation de leur pays pour attirer la foule des touristes. Tout était à créer; si les alpinistes, déjà nombreux, se contentaient de sentiers périlleux et d'invraisemblables auberges, sales et mal pourvues, la grande masse répugnait à cette barbarie trop primitive.

Le Club alpin et les Touristes du Dauphiné se sont mis à l'œuvre, prêchant les uns, aidant les autres, ils ont fait installer dans les parties les plus reculées du Pelvoux et d'autres massifs des refuges, des chalets, de petits hôtels, propres, bien pourvus et aussitôt les visiteurs d'accourir. Les Grenoblois ne sont pas restés en arrière. Afin d'accroître le mouvement qui poussait les voyageurs, le *Syndicat d'initiative,* une association locale, n'ayant rien de commercial, dont les membres sont mus uniquement par un patriotisme provincial très vif et désintéressé, s'est créé. Là sont établis, sur des données précises, les prix de séjour dans les hôtels, là sont préparés les itinéraires et organisés les services des voitures. On y délivre des billets de chemins de fer et de correspondances et des coupons d'hôtel. En un mot, Grenoble possède une association qui, gratuitement, épargne aux voyageurs en Dauphiné, en Savoie, et dans les contrées les plus voisines de l'Italie et de la Suisse, les embarras d'un itinéraire et les exagérations des guides et des hôteliers.

Ces efforts n'ont pas tardé à porter leurs fruits, la foule est accourue. Les chemins de fer ont compris que leur intérêt était d'aider aux efforts du syndicat : des services de voitures d'excursion ont été subventionnés ; partout où des routes et des cols relient une vallée à sa voisine, d'immenses breaks transportent rapidement, pendant l'été, les voyageurs de plus en plus nombreux, las des sites trop vantés, désireux de sensations nouvelles et d'une nature moins apprêtée.

Un progrès en amène un autre ; les capitalistes, frappés du mouvement qui se produit en Dauphiné, ont pensé qu'il y avait quelque intérêt à créer des voies de communication plus rapides dans ces pays où se porte la foule ; des projets de funiculaires pour gravir les montagnes et de petites voies ferrées pour desservir les vallées sont nés; d'ici à dix ans, le Dauphiné tout entier sera accessible en peu d'heures. On sait qu'une ligne conduit les voyageurs de Voiron au lac d'Aiguebelette, par Saint-Laurent-du-Pont, c'est-à-dire par la Grande-Chartreuse.

Ce chemin de fer, qui paraissait le plus urgent vu le nombre des touristes, avait été devancé. La Société des voies ferrées du Dauphiné a ouvert une ligne de Vizille au Bourg-d'Oisans, au cœur même des Alpes dauphinoises, non loin des glaciers du Pelvoux et des Grandes-Rousses. Un embranchement unit Grenoble à cette ligne par Uriage et la vallée de Vaulnaveys. Ce n'est là sans doute qu'un début, la ligne devra être poussée un jour jusqu'à Briançon, reliant ainsi l'Isère à la Durance par les paysages les plus grandioses du Dauphiné. Aujourd'hui déjà, au moins pendant l'été, les voitures d'excursion permettent d'achever le trajet, on peut aller de Grenoble à Briançon par la correspondance partant du Bourg-d'Oisans ; au Lautaret une autre voiture permet de se rendre dans la Maurienne par le col du Galibier, un des passages les plus élevés des Alpes.

Désormais, grâce à ce petit chemin de fer sur route, la vallée de la Romanche peut être rapidement parcourue et le Bourg-d'Oisans devient le centre d'excursions le plus important du Dauphiné ; de là on peut rayonner dans tous les massifs montagneux : Belledonne, les Grandes-Rousses, la Maurienne, le Pelvoux, la Mateysine, la Val-

louise. Même, pour ceux qui préféreraient à la calme petite cité dauphinoise, l'animation et la gaîté de Grenoble, il sera facile de partir le matin pour l'Oisans et de rentrer le soir dans la capitale du Dauphiné après avoir été jusqu'à la base des glaciers.

Et nombreux seront ceux-là. Grenoble s'est transformée de façon merveilleuse depuis quelques années, elle est en passe de devenir une grande ville, elle compte plus de 60,000 habitants dans son enceinte, 70,000 peut-être avec les communes qui confinent aux remparts. Les murailles démolies ont fait place à une ville nouvelle, aux larges avenues, grandiose, monumentale, respirant la prospérité; chaque jour voit se dresser des maisons de cinq à six étages où l'on n'apercevait jadis que des terrains vagues. La vieille cité elle-même se rajeunit; çà et là de grandes bâtisses s'élèvent; une percée nouvelle éventre les rues étroites et tortueuses qui vont de la ville nouvelle à l'Isère, elle prolongera l'activité jusque dans la presqu'île de l'Ile Verte. On ne respectera guère de l'antique Grenoble que les parties vraiment curieuses; les maisons sordides, aux puantes allées, tomberont peu à peu sous le marteau.

Mais les deux coins amusants de Grenoble, la place Grenette et le Jardin de ville, seront conservés, la première, toutefois, abandonnera peut-être de son aspect bon enfant lorsque la voie centrale l'atteindra. Elle n'y perdra rien; ce sera toujours le cœur de la cité, le vivant carrefour bordé d'orangers en caisses, d'où partent sans cesse, jour et nuit, pour toutes les vallées voisines, des diligences, des omnibus, des fourgons de toutes tailles. Cinquante villes, bourgs ou villages ont des services de voitures pour Grenoble, quelques entreprises circulent de demi-heure en demi-heure. Malgré les chemins de fer, de vastes breaks, d'immenses coachs s'en vont aux environs à grand bruit de grelots et de claquements de fouets. Tout cela part de la « Grenette », mêlé aux « cars Ripert », aux omnibus de gare et d'hôtels, dans un tohu-bohu réjouissant. Aucune autre ville en province n'offre un tel spectacle.

Ailleurs, la vie se fait plus calme, plus élégante aussi ; la vaste place de la Constitution avec ses jardins nombreux bordés de palais qu'envieraient de très grandes villes : Musées, Facultés, Quartier-Général, Préfecture, est délicieuse pendant les chaleurs, grâce à ses pelouses et à ses fontaines ; le soir, la place Victor-Hugo, plus monumentale encore, attire la foule dans ses cafés ; sur le trottoir des orchestres s'installent et se font entendre, jusque bien avant dans la nuit.

Au Jardin de ville, ce vieux jardin si français d'allures, avec ses parterres corrects, ses balustrades et ses vieux hôtels, la foule se presse encore autour des musiques militaires ou des sociétés locales. Partout, à flots, la lumière électrique, partout l'eau courant dans les ruisseaux, jaillissant dans des bassins, pleurant dans les vasques des fontaines ; Grenoble est la ville la mieux pourvue d'eau de la France entière.

Çà et là, au débouché d'une avenue, sur les places, sur les quais surtout, des bords de l'Isère rapide et grise on a une vue magique sur les monts. La ville est immédiatement dominée par le Rachais, dont les éperons portent les forts si pittoresques de la Bastille et de Rabot. Puis c'est le massif, superbe de formes et de couleur, de la Chartreuse, le Casque de Néron, si aigu, le mont Saint-Eynard, si majestueux ; en face les hautes montagnes boisées de Belledonne, portant des champs de neige et de glace à leur sommet, les crêtes décharnées, mais superbes, des Trois-Pucelles, du Moucherotte et de la Grande-Moucherolle, le Grand-Serre, le Taillefer et d'autres sommets sans nombre faisant à la ville une couronne prestigieuse de pics et de dômes, roux, verts ou neigeux.

Ce panorama est le plus beau que puisse offrir une ville. Pour les touristes qui se sont bornés jusque-là à suivre les sentiers battus, la vue de Grenoble est un éblouissement. Combien ces monts, ces glaciers, ces forêts noires de sapins, ces campagnes fécondes sont supérieurs à la vue dont on jouit à Genève, par exemple ! Si Grenoble n'a pas de Léman, ses horizons sont plus larges et plus beaux, elle a surtout sa gaîté, l'animation bon enfant de ses rues, un ciel plus limpide.

Et quels merveilleux environs ! Du fort de la Bastille ou des montagnes du Villard-de-Lans, qu'un funiculaire rendra bientôt accessibles, la vue est incomparable : la Savoie, du mont Blanc au mont Saint-Bernard et au Thabor, le Dauphiné, du Pelvoux au Vercors, les plaines de Lyon, les monts du Lyonnais et du Forez sont en vue. Au pied de cet observatoire, des sites admirables : Sassenage et les gorges du Furon, les vallées de la Romanche et du Drac, le Graisivaudan tout entier.

Le paysage s'étale largement, très net dans ses moindres détails, un seul point, à l'est, montre des perspectives un peu fuyantes. Là, entre la pyramide du Taillefer et les sommets neigeux de Belledonne, s'ouvre une faille profonde paraissant pénétrer au cœur même des montagnes et vers laquelle on se sent attiré. Cette porte dans les Alpes, gardée par le Conex abrupt, le Grand-Serre couronné de pâturages, les bois et les prairies de Chamrousse, est la vallée de la Romanche ; dans cette gorge étroite pénètre le chemin de fer du Bourg-d'Oisans.

« Jadis, à une époque qu'il est difficile d'établir,
« ni même de deviner, ce qui est aujourd'hui le
« sud de la France était le séjour du mammouth
« et de l'élan. Des habitants de cette région, à
« cette époque reculée, nous ne savons que ce que
« nous permet de supposer l'examen des restes
« découverts sous les grottes qu'ils habitaient ;
« notamment qu'ils avaient beaucoup d'habitudes
« semblables à celles des Esquimaux de nos jours
« et dont l'une offre un intérêt particulier. Comme
« les Esquimaux, ils cultivaient les arts de la
« sculpture du bois et la gravure. Leurs outils lais-
« saient beaucoup à désirer, et leur travail man-
« quait de fini, mais ils avaient de l'observation
« et ils savaient représenter ce qu'ils voyaient
« avec une exactitude suffisante pour rendre ins-
« tructifs les fragments que le temps a conservés.

« Ces fragments nous montrent que les hommes
« et les femmes de ces âges (dans le sud de la
« France) *portaient des gants* et que, par consé-
« quent, *ils en fabriquaient. Est-ce que la femme
« faisait les gants pour toute sa famille, au moyen
« de la peau de l'élan coupée avec des couteaux de
« silex et cousus avec du fil fait des muscles de cet
« animal et à l'aide d'aiguilles en os, ou est-ce que
« chaque individu faisait ses propres gants ?*

« Quoi qu'il en soit, les gants des habitants des

« grottes de la période de l'élan (dans le sud de la
« France) sont les plus anciens dont on ait con-
« naissance, et il est presque inutile d'ajouter que
« la manufacture de gants est aujourd'hui une
« des principales industries de la région. Que di-
« raient ces antiques habitants s'ils revenaient à
« la vie et qu'on leur montrât un gant moderne
« et les procédés multiples par lesquels il passe
« avant d'être l'article élégant et fin que l'on
« porte à l'église ou à la cour, au théâtre ou au
« bal ! »

Si j'ai placé entre guillemets ce curieux passage, c'est que je l'ai fait traduire d'une brochure
anglaise sur la fabrication du gant de Grenoble,
fort bien faite d'ailleurs, mais évidemment mise
au point pour attirer l'attention de lecteurs anglo-
saxons. Lorsque l'avocat des *Plaideurs* s'attire l'a-
vertissement du juge : « Passons au déluge ! » il
est évidemment bien au-dessous de ce petit mor-
ceau de préhistorique économie sociale.

La même notice veut bien nous dire presque
aussitôt que Grenoble n'avait pas encore de gantiers inscrits au Bottin, pendant l'âge du renne.
Elle nous apprend qu'au xii siècle seulement on
eut l'idée d'employer la peau de chevreau à la
confection des gants. Or, les chèvres étant, de-

puis une époque immémoriale, une des principales sources de revenu pour les habitants des Alpes, qui « vivent presque uniquement de la chair et du lait de ces animaux » dont les frais d'élevage sont nuls, la vente des peaux était un bénéfice assuré. Dans le Dauphiné ces peaux sont bien supérieures, ajoute ma notice anglaise, parce que les chevreaux reçoivent une excellente éducation ; on les empêche d'aller dans les fourrés épineux qui peuvent écorcher ou décolorer leurs peaux. On prend moins de précaution pour les gants de chevrette, faits avec la dépouille d'animaux plus âgés. On laisse aux chevrettes toute liberté de mouvements, plus elles sautent, plus leur peau devient résistante.

Il ne faut pas prendre cela au pied de la lettre, mais cette description pittoresque contient une grande part de vérité ; les Alpes, en effet, abondent en chèvres, mais elles ne sont pas moins nombreuses dans les montagnes de Bourgogne et du Jura bugeysien et dans le massif cévennol, où Annonay est le grand centre de préparation. Grenoble est au centre de la région caprine[1], de

---

[1]. Voici quelques chiffres qui permettront de comprendre l'importance de cet élevage du reste en décadence, car les conquêtes du cultivateur réduisent le domaine de la chèvre.

Tandis que les départements du Jura et de la Côte-d'Or au nord ont chacun 9,000 animaux de race caprine et que la

bonne heure ses mégissiers eurent de la réputation. Capitale d'une province riche et populeuse, sur la route de France en Italie, elle offrait bien des chances de réussite à une industrie de luxe. Aussi le développement de la ganterie à Grenoble s'explique-t-il d'autant mieux que la chèvre est, par excellence, l'animal des pentes abruptes et des broussailles, si communes dans le Sud-Est. Les chevreaux immolés entrent dans l'alimentation de toutes les villes et des campagnes; la chèvre elle-même, bien qu'un peu coriace, est viande de boucherie dans toute la région montagneuse.

Aujourd'hui Grenoble est de beaucoup le centre le plus considérable de France pour la ganterie; comme ganterie fine il est même à la tête de cette industrie dans le monde entier. Le nombre des fabricants n'a cessé de s'accroître, il atteint le chiffre de 90. La préparation des peaux se fait surtout à Annonay, où je me propose d'al-

---

Haute-Loire en compte 9,000 seulement, la zone dauphino-cévennole forme un groupe très complet : Drôme, 98,000 têtes ; Ain, 73,000 ; Ardèche, 70,000 ; Isère, 60,000 ; Saône-et-Loire, 59,000 ; Basses-Alpes, 34,000 ; Savoie, 39,000 ; Hautes-Alpes, 31,000 ; Rhône, 29,000 ; Haute-Savoie, 28,000 ; Gard, 28,000 ; Var, 25,000 ; Vaucluse, 14,000 ; Bouches-du-Rhône, 11,000 ; Alpes-Maritimes, 10,000 ; la région compte donc environ 700,000 têtes, alors que la France entière en a 1,700,000 têtes à peine et sur ce chiffre la Corse figure pour 220,000.

ler l'étudier sur place[1]. Mais 6 mégissiers et 25 teinturiers travaillent à Grenoble pour la fabrique. De même les boutons et fermoirs sont fabriqués ici par d'importantes usines.

Je n'ai pu naturellement visiter toutes les manufactures de Grenoble, j'ai dû me borner. Un des grands industriels de la ville, dont l'usine toute récente a été conçue sur un plan régulier, M. Jay, a bien voulu me faire les honneurs de son établissement. C'est à sa suite que nous allons parcourir les différentes phases de la fabrication, transformant la peau sortie des mains du mégissier en cet objet élégant et souple qui s'appelle un gant.

Les peaux, en arrivant de la mégisserie, n'ont pas encore subi l'opération de la teinture. Pour disposer la couleur, il faut que la peau soit à point, c'est-à-dire remplisse certaines conditions spéciales ; selon son état, elle reçoit une teinte plutôt qu'une autre ; aussi dans les grandes maisons n'achète-t-on pas les peaux déjà teintes. Des ouvriers spéciaux examinent chaque jour les peaux mégissées disposées sur des claies et désignent la nuance qui convient le mieux à chacune d'elles.

---

[1]. Le chapitre sur Annonay figurera dans la 11ᵉ série du *Voyage en France*, actuellement en préparation.

Chez M. Jay, la plus grande partie du rez-de-chaussée (l'usine comprend 4 étages) est occupée par les magasins de triage ; les trieurs, vêtus de longues blouses blanches, examinent avec soin chaque peau au point de vue de la force, de la qualité et de l'aptitude à la coloration. On peut dire que le triage est l'opération fondamentale de la ganterie.

Les peaux ainsi choisies sont envoyées à l'un des 25 teinturiers grenoblois ; elles en sortent pour aller chez le palissonneur, qui leur donnera le grain et la finesse.

Les peaux destinées à faire les gants de Suède subissent une sorte de raclage qui leur donne leur aspect velouté et leur extrême souplesse.

Les peaux, une fois teintes, reviennent alors à la ganterie, où elles subissent un nouveau triage qui permet de déterminer le nombre et la qualité des gants que chacune devra donner. Les ouvriers trieurs reçoivent les indications relatives aux commandes, et suivant celles-ci, font choix des peaux qui pourront y faire face. Pour chaque peau et pour chaque paquet de peaux l'ouvrier coupeur reçoit à l'avance l'indication du nombre de gants qu'il doit en tirer.

Le coupeur est un artiste en son genre, car il doit utiliser avec le plus grand soin toutes les parties d'une peau. Avant de procéder à la coupe, il faut faire le dollage, c'est-à-dire étendre soigneusement le cuir de façon à ne pas en perdre la moindre parcelle ; chaque peau doit fournir les deux faces du gant, les débris doivent donner le pouce et la fourchette. On nomme ainsi la partie contenue entre les doigts. La coupe est la partie difficile, artistique du gant, pourrait-on dire ; de cette coupe en forme de carré long, devant donner une peau bien homogène, dépend la qualité. Jadis elle se faisait à la main, un ouvrier produisait à grand'peine 6 paires par jour ; M. Jouvin, à qui l'industrie grenobloise doit tant de progrès, inventa la main de fer qui, mue par le balancier, peut donner jusqu'à 100 douzaines par jour.

Malgré l'invention de la machine, il y a encore un certain nombre de coupeurs à la main. Le chiffre total d'ouvriers des deux catégories est de 2,500 dans la ville et 1,500 dans les environs. Les boutonnières sont frappées, et les broderies indiquées au moyen de machines très ingénieuses.

En sortant de chez le coupeur, le gant est remis aux ouvrières chargées de la piqûre. Les machines, je l'ai déjà dit à propos de Saint-Pierre-de-Chartreuse, remplacent peu à peu la main de la femme ; on n'évalue pas à plus de 2 p. 100 le nombre des couseuses à la main ; malgré cette intervention de la machine, la piqûre, la pose des boutons, la fixation des boutonnières et la broderie nécessitent encore 6 ouvrières pour un coupeur. On peut donc évaluer à 24,000 le nombre des ouvrières de l'Isère à qui le gant donne de l'occupation. Une bonne couseuse à la main peut faire 7 ou 8 paires par jour pour un salaire de 3 fr. 50 c. par douzaine.

Quant aux coupeurs, d'après des chiffres fournis en 1895 au congrès international des gantiers, ils gagnent de 4 fr. à 4 fr. 50 c. par jour. En d'autres pays, notamment la Bohême le salaire ne dépasse pas 2 fr. 25 c.

On voit que l'industrie du gant est plutôt une industrie féminine; elle répand le bien-être dans toute la région grenobloise, car il n'est pas rare, dans les grands ateliers surtout où il n'y a pas de perte de temps, de voir une ouvrière gagner de 20 à 24 fr. par semaine. Aussi les femmes et les jeunes filles employées dans les manufactures grenobloises sont-elles vêtues avec une élégance qui rappelle les ouvrières de la rue de la Paix à Paris.

A la campagne, où les femmes vaquent en même temps aux soins du ménage, le gain est naturellement moins élevé ; la piqûre est payée 4 fr. la douzaine, on peut en faire une douzaine et demie par jour, mais comme il faut payer la location de la machine, la soie, etc., le gain le plus élevé ne dépasse pas 4 fr. Le gros bourg de Chapareillan, dans le Graisivaudan, compte le plus grand nombre de ces ouvrières.

Bien moins payées sont celles qui font la *finition*, c'est-à-dire la boutonnière, la fente et la pose des boutons et ressorts. Ce travail est surtout accompli par les fillettes et les vieilles femmes ; en travaillant toute la journée, elles peuvent arriver à gagner 1 fr. 25 c. ou 1 fr. 50 c.

Ainsi que je l'ai expliqué, le travail est réparti dans les campagnes par des entrepreneurs qui distribuent et reçoivent des gants. Ils sont payés 1 fr. 25 c. par douzaine ; lorsqu'ils ont prélevé leurs frais, il leur reste 1 fr. environ. Ce système existe dans un rayon de 15 à 20 kilomètres autour de Grenoble et comprend 7 groupes : 1° celui de la Mateysine, vers Laffrey, La Mure et La Motte ; 2° des Quatre-Seigneurs, vers Gières et Eybens ; 3° de la basse Isère, à Voreppe, Sassenage et Saint-Égrève ; 4° du Drac à Varces, Vif et Claix ; 5° de Villars-de-Lans, où l'on fait surtout la couture à la main ; 6° de la Grande-Chartreuse, à Saint-Pierre et Saint-Laurent-du-Pont ; 7° enfin celui du Graisivaudan, le plus vaste, qui s'étend jusqu'à Chapareillan.

La finition se fait aussi à l'usine ; des machines

ont été inventées pour faire les ourlets et les boutonnières.

Le gant, en sortant de ces diverses opérations, est examiné par des ouvrières spéciales chargées de rechercher les imperfections qui ont pu se produire. Des ouvriers comparent ensuite les gants livrés à l'ordre de commande ; une dernière opération a lieu : les gants sont nettoyés et lustrés au moyen de roues revêtues de feutre qui leur donnent le brillant aspect que nous leur connaissons. Il reste ensuite à rabattre le pouce dans l'intérieur et à mettre les gants en boîtes.

Telle est la fabrication du gant à Grenoble. En chiffres ronds cette ville produit 1,200,000 douzaines par an, valant 35 millions de francs. Grenoble fabrique surtout pour l'étranger ; les deux tiers de la production sont destinés aux États-Unis. Pour l'autre tiers la France ne vient qu'après l'Angleterre.

Jadis Grenoble était tributaire de Paris et de Lyon pour les boutons de métal. Frappé de ce fait, un Grenoblois entreprenant, M. Raymond, imagina, vers 1865, de faire fabriquer le bouton de cuivre. Il commença avec deux ou trois compagnons ; aujourd'hui, dans une usine superbe, il occupe 360 ouvriers. Non seulement Grenoble n'achète presque plus rien au dehors, mais c'est encore à Grenoble que les habitants des autres parties du monde viennent s'approvisionner.

Le prodigieux développement de cette industrie est dû à une idée fort simple, mais qu'il fallait avoir :

Jadis, le même bouton servait à tous les fabricants de gants; M. Raymond estampa ses produits à la marque du fabricant et du marchand. A partir de ce moment, l'usine de Grenoble accrut sans cesse sa fabrication ; l'invention du bouton-fermoir, dû aux Grenoblois, donna une nouvelle impulsion à l'industrie.

Il suffira de dire qu'en 1893 l'usine Raymond employait 700,000 kilogr. de cuivre, et faisait 800,000 grosses de pièces découpées. La production dépassait 1,500,000 pièces par jour. En outre, on fabriquait la plupart des machines à l'usage des gantiers, telles que la « main de fer ».

L'usine est fort intéressante à parcourir : des machines à emporte-pièces découpent les rondelles, des anneaux, des étoiles qui deviendront des ressorts; d'autres machines leur donnent la forme définitive, les estampent d'initiales, de marques de fabrique, d'armoiries, etc. Une foule de machines ingénieuses poinçonnent, gravent, placent la queue au bouton ; d'autres fabriquent les diverses pièces et montent les claspes, sortes de crochets à leviers, fort employés en Angleterre. A côté on fabrique le crochet de soulier, découpé dans une barre de laiton ; l'ouvrier pousse rapidement celle-ci, un levier s'abaisse, un crochet tombe ; chaque ouvrier en fait ainsi 8,000 par jour. Rien d'amusant comme l'ingéniosité de ces machines, perçant, refoulant, emboutissant, mais plus extraordinaire encore est la dextérité des ouvrières qui, sur une planche à rainures, procèdent au triage de ces millions de boutons et de crochets.

Naturellement on ne s'en est pas tenu au bon vieux bouton de cuivre ; pour satisfaire au goût de la clientèle il a fallu faire des boutons argentés, dorés, nickelés, oxydés, noircis, polis ; il y a des rosaces et des quadrillés ; des roues, des damiers et des chagrinés ; il en est de goût exquis, il en est d'autres destinés à faire les délices des Yankees du Far-West et des nègres brésiliens.

Pour les boutons dorés, 1 kilogr. d'or valant 3,643 fr. suffit à trois semaines de travail, mais on emploie deux ou trois fois plus d'argent. Les ateliers d'oxydation en noir sont fort intéressants, surtout pour la production des boutons qui laissent, en saillie ou en creux, les initiales et les dessins dorés.

Lorsque les boutons à ressorts sortent du four

pour être livrés à la consommation, ils ont passé dans 14 mains. Un tiers du cuivre employé est à l'état de déchet et doit être renvoyé à la fonte.

L'Allemagne a naturellement cherché à contrefaire les produits de Grenoble, mais elle n'est arrivée qu'à fournir des produits de très mauvaise qualité ; ses boutons n'ont plus de ressort au bout de huit jours, aussi les fabricants allemands sont-ils des clients fidèles pour les Grenoblois. Ils achètent en Dauphiné les boutons et les machines servant à les placer.

VI

DE GRENOBLE A LA MURE

La Porte de France et ses carrières. — Découverte du ciment artificiel. — Les travaux de Vicat. — Les câbles porteurs. — Les fours et les moulins. — Les anthracites de la Mure. — Un chemin de fer de montagne. — Les gorges du Drac. — Les eaux de la Motte. — Mines de Notre-Dame-de-Vaux, de la Motte et de Peychagnard.

La Mure, mai.

La haute montagne, dont les puissantes assises commandent si majestueusement Grenoble, avec ses escarpements, ses forts, sa tête de rochers, et qui résiste depuis tant de centaines d'années aux efforts des carriers qui l'ont entaillée sur tous les points, sans que son épiderme même semble atteint, est cependant perforée dans toute sa partie supérieure, comme si de gigantesques termites l'avaient envahie. Cette énorme masse calcaire possède des filons de roches qui donnent un des meilleurs ciments du monde. Pour les exploiter, on a créé tout un réseau de galeries, dont les produits sont envoyés à Grenoble au moyen de fils d'acier tendus du sommet à la base de la montagne ; c'est un des sites industriels les plus curieux que l'on puisse rencontrer.

La fabrication des ciments est d'origine récente. L'Anglais James Porquer avait inventé le ciment à prise rapide en 1796 ; le ciment Portland, ainsi nommé de sa couleur rappelant la pierre de Portland employée à Londres, fut découvert, en 1824, par un briquetier nommé Joseph Apsdin. Mais la fabrication resta empirique ; il fallut le génie d'un jeune ingénieur français, Vicat, appartenant au corps des ponts et chaussées, pour donner la formule chimique du ciment. Sa découverte était en telle contradiction avec ce que l'on avait admis jusqu'alors, que l'incrédulité des savants officiels, tels Thénard et Gay-Lussac, fut complète.

Vicat avait dit à peu près : « Le ciment Portland est le produit de la cuisson d'un mélange aussi intime que possible de calcaire et d'argile. » De Grenoble, où il était ingénieur, on le fit venir à Paris, on lui remit de la chaux grasse et de l'argile et on lui fit préparer et cuire le mélange. Il délaya une pâte ; on la plaça dans des flacons pleins d'eau qui furent scellés et on lui donna narquoisement rendez-vous à un an, supposant qu'on retrouverait une bouillie. Au bout d'un an, on déboucha les bouteilles. O surprise ! Tout ce que Vicat avait dit était vrai, il y avait, au fond de l'eau, une pierre artificielle[1]. Désormais, on pouvait scientifiquement fabriquer le ciment partout où l'on trouvait du calcaire et de l'argile. Le succès de la découverte fut merveilleux. Arago disait, vingt ans plus tard, vers 1845, que Vicat avait déjà fait gagner 200 millions à la construction par sa belle découverte.

Voilà pour les ciments artificiels. Une florissante industrie est née qui, par des mélanges précis, au moyen de lavages, de cuisson de la pâte, etc., prépare le ciment. Elle s'est longtemps confinée dans le Boulonnais, qu'avait accaparé le marché de Paris. De nos jours on a songé à utiliser les craies et les argiles du bassin parisien. Celui qui eut cette idée est le baryton Lassalle, un Lyonnais devenu une des étoiles de l'Académie nationale de musique. Lassalle avait acquis une propriété à Haute-Isle près de Mantes, il songea à exploiter la falaise de calcaire et l'argile des berges. Les analyses qu'il fit exécuter lui ayant démontré qu'il pouvait fabriquer du ciment, il a fait construire une vaste usine et, désormais, a abandonné l'art pour l'industrie. Grâce à lui la vallée de la Seine est dotée d'une source nouvelle de richesse.

---

[1]. Notice sur les ciments par M. F. Cambessedès, professeur à l'école des maîtres mineurs de Douai.

Mais on rencontre, dans la nature, des roches de ciment naturel, dosées au degré voulu, il n'y a qu'à les cuire, les passer au moulin et au blutoir.

Le hasard a fait découvrir cette roche à Grenoble. En 1842, un chaufournier de cette ville trouva dans ses fours des éclats de pierre qui ne s'éteignaient pas après la cuisson, comme le fait la pierre à chaux. Il les soumit à un colonel du génie en retraite, M. Breton, qui reconnut, dans la roche d'où ces pierres étaient venues, un banc de ciment. On exploita aussitôt cette richesse nouvelle, mais l'industrie prit une extension considérable en 1861 seulement, quand les chemins de fer atteignirent Grenoble. Ce ciment reçut le nom de Porte de France, les carrières étant voisines de cette entrée de la ville. Plusieurs usines exploitaient le filon, elles se sont groupées en une société unique qui a créé, en France, l'industrie des pierres factices, des moulures, des tuyaux de conduite en ciment. Autour de Grenoble, dans le massif de la Grande-Chartreuse, à Vif, à Valbonnais, d'autres filons sont exploités.

De tous ces gisements, le plus important est celui du mont Rachais, la puissante montagne qui termine, au sud, le massif de la Grande-Chartreuse et, dominant le grand coude de l'Isère, sépare le haut Graisivaudan de la basse vallée. L'extrémité du mont Rachais porte le nom particulier de mont Jalla et commande, à 430 mètres, la ville de Grenoble. Le filon principal a 4^m,50 d'épaisseur, deux autres ont 1^m,50, ils sont disposés presque verticalement de la base au sommet de la montagne — l'inclinaison est de 15 degrés seulement. Pour l'exploiter, on a donc été obligé de créer des galeries superposées.

La principale exploitation est au sommet même du Jalla; il y a là vingt étages de galeries hautes de 3^m,50, séparées par des plafonds de même épaisseur. La montagne est presque à pic, sur ce point; on peut dire qu'il y a un abîme de 300 mètres entre la grande galerie et l'usine. Il était impossible de créer un chemin de fer et même une route; les wagonnets, amenés des galeries et des puits qui les relient par une voie ferrée longue de 800 mètres, n'auraient pu descendre qu'au prix de travaux énormes, disproportionnés au résultat à obtenir. On a songé à tendre un câble aérien portant des caisses. Jusqu'alors, l'industrie avait bien employé les câbles de ce genre, mais leur portée ne dépassait pas 300 à 400 mètres pour un travail représentant 400 kilogr. à chaque voyage. Si l'on avait de plus grandes distances à

franchir, on disposait des piliers intermédiaires. Au mont Jalla, cette dernière disposition était impossible et la portée devait atteindre 600 mètres en même temps que le poids de la charge devait représenter 1,000 kilogr., si l'on voulait faire face à l'extraction. Je n'ai pas à entrer ici dans l'explication du système, voici le résultat : un voyage nécessite 3 minutes, chargement et déchargement compris, et la journée de 12 heures permet de descendre aux fours 150,000 kilogr. par jour.

De la gare d'arrivée aux fours, un petit chemin de fer conduit la roche. Ces fours, au nombre de 46 à la Porte de France, peuvent contenir chacun 60 mètres cubes. Le combustible est produit par les mines du pays, c'est l'anthracite de la Mure. 250 kilogr. de ce charbon sont nécessaires pour 1,000 kilogr. de pierre crue. Ces longues rangées de fours, les câbles porteurs, la teinte grise des bâtiments, les hautes roches voisines, donnent à ce site industriel un caractère bien particulier, contrastant avec la végétation opulente qui borde les deux rives de l'Isère.

La roche une fois cuite, on n'a pas encore de ciment propre à employer. Il faut le moudre et le tamiser. La force motrice naturelle manque à la Porte de France, on a donc été amené à s'installer sur les cours d'eau. Dans la banlieue immédiate, un moulin sert à cet emploi. Une autre usine plus considérable, reliée à Grenoble par un petit chemin de fer, a été créée à Saint-Robert. 24 paires de meules y broient la pierre, déjà réduite en menus morceaux par des concasseurs, la farine de ciment entre alors dans une série de blutoirs dont le dernier a 324 mailles au centimètre carré. Tout ce qui ne peut passer par ces mailles est broyé à nouveau. Le ciment est ensuite enfermé dans des magasins ou silos, au nombre de 54, contenant plus de 20,000 mètres cubes. C'est dans ces silos, incessamment remplis, que l'on puise, pour envoyer sur tous les points de la France et jusque dans l'extrême Orient, les 50 wagons expédiés chaque jour par les gares de Grenoble et de Saint-Robert.

A côté des chantiers d'expédition, de vastes hangars abritent les ouvriers qui fabriquent des tuyaux, des conduits pour fil électrique, des pilastres, des moulures, des carreaux dont l'emploi se généralise de plus en plus. A Grenoble surtout, où l'on a la matière première sous la main, l'emploi du ciment a pris une extension immense dans les quartiers neufs. Beaucoup de maisons, hautes de quatre ou cinq étages, sont ornées de moulures, d'écussons, d'ornements de ciment qu'une couche de peinture transforme en un édifice paraissant construit en matériaux de luxe.

J'ai visité une de ces maisons dont les plafonds étaient décorés de caissons en ciment. La belle caserne de l'artillerie alpine a toutes ses corniches et ses reliefs en ciment. Enfin, les rues mêmes de Grenoble sont dallées en ciment depuis une vingtaine d'années et, comme la ville est la mieux dotée d'eau de la France entière, puisque chaque habitant dispose de plus de 1,000 litres par jour, on peut faire d'abondants lavages et entretenir les chaussées ainsi obtenues dans le plus grand état de propreté. Une seule ville, en France, a imité Grenoble : c'est la Seyne, près Toulon. Toutes les rues y sont revêtues de ciment du Dauphiné. La politique ne perdant jamais ses droits, en cette heureuse Provence, on utilise la chaussée pour recommander les candidats. J'ai lu, en 1893, dans cette jolie cité de la Seyne, de chauds appels marqués avec une peinture indélébile sur le dallage continu des chaussées !

Ce système, par sa simplicité, sa propreté et son faible prix de revient, devrait être employé dans toutes les villes aux rues étroites et peu sillonnées de voitures, comme il y en a tant dans le Midi.

L'industrie des ciments joue donc un grand

rôle économique et hygiénique dans le Dauphiné ; inconnue il y a cinquante ans, elle fait vivre aujourd'hui des milliers de familles. Si l'Isère était plus aisément navigable et permettait de conduire à bas prix les ciments dans le Midi et les ports de la Méditerranée, ce commerce prendrait rapidement un essor plus considérable encore.

Les progrès sont dus, il faut bien le dire, à la proximité d'un bassin houiller important, mais insuffisant encore — par la nature du charbon et l'extraction — pour les multiples industries de l'Isère. C'est l'anthracite de la Mure. Ce combustible, excellent pour la cuisson de la chaux et du ciment, arrive aujourd'hui facilement sur le grand réseau des voies ferrées, grâce au chemin de fer spécial qui va le chercher jusqu'aux puits de production.

Les gisements sont fort haut dans la montagne, en une région de difficile accès, ils ont nécessité des travaux d'art énormes et doté ainsi le Dauphiné d'une de ses grandes curiosités : le chemin de fer de la Mure, il mérite la visite des touristes ; c'est peut-être la plus étonnante de nos lignes de montagne.

Ce matin, au point du jour, je partais par le train de Gap pour aller prendre la ligne de la Mure à Saint-Georges-de-Commiers. Elle se détache de la grande voie dans la gare même et se dirige vers le nord pour pénétrer dans un tunnel dans lequel elle décrit une courbe de très étroit rayon. Grâce au faible écartement des rails — 1 mètre — les locomotives et les wagons peuvent ainsi faire des courbes très brusques. En sortant de cette sorte de tuyau coudé, la voie a déjà atteint une grande élévation au-dessus de la gare de Saint-Georges ; on aperçoit, profonde, la large coupure où le Drac mène ses eaux furibondes entre les graviers ; en face, très haut, au flanc d'une montagne escarpée, se tord le chemin de fer de Gap, qui vient de surplomber la vallée de la Gresse avant de dominer celle du Drac, il pénètre dans un tunnel et retourne dans la vallée de la Gresse.

Lentement monte le train de la Mure. Les wagons chars à bancs, en usage l'été, permettent de découvrir en entier le paysage. La voie traverse des champs et des vignes et bientôt, à une grande hauteur, commande l'abîme profond où le Drac roule ses eaux grises, au pied du mamelon qui porte la chapelle de Chabottes.

La gorge du Drac est étrange. Les berges qui la forment sont d'une déclivité très grande, mais les arbres et les arbrisseaux les enveloppent d'un manteau vert qui fait mieux ressortir encore la teinte grise du torrent. Au-dessus, sous des ressauts couverts de belles cultures, la voie décrit un double lacet, dont les boucles creusent en tunnels les éperons de la montagne. Quand les détours permettent de regarder vers le nord, on découvre le merveilleux massif de la Chartreuse avec ses pics, ses falaises, ses murailles de calcaire chaudement colorées surgissant au-dessus des noires forêts de sapins. Ces montagnes, par un curieux effet d'optique, semblent monter comme par une force souterraine; l'effet est saisissant, surtout pour les pics aigus de Chamechaude et de la Pinéa, et le dôme énorme de la dent de Crolles dont les puissantes assises se précisent de plus en plus à mesure que nous nous élevons.

Vers Notre-Dame de Commiers, au sortir d'un tunnel, on aperçoit une grande partie de la ligne, dessinée au flanc de la montagne par ses tranchées et ses travaux d'art. De l'autre côté du Drac, les vertes campagnes de la Cluze et de Paquier contrastent avec la sévérité des pentes voisines sur lesquelles, entre des taillis, apparaissent, hideuses, des surfaces de schiste sans végétation. Très haut au-dessus du paysage, la grande Moucherolle dresse, à 2,289 mètres, ses falaises grises qui semblent se plaquer sur le ciel bleu. Toujours haletante sur cette pente régulière de 275 millimètres par mètre, la locomotive traîne son convoi, pénètre dans un tunnel d'un circuit presque complet, contournant le vallon des Ripeaux dans lequel se brise un petit torrent.

A la sortie du tunnel, le site a changé. On découvre en entier la partie de la voie que l'on vient de parcourir, la Grande-Chartreuse apparaît maintenant dans toute sa splendeur ; à ses pieds, les toits et les flèches d'église de Grenoble, comme blottis sous les hauts remparts de la Bastille. Mais ce n'est point ce lumineux et prestigieux paysage que l'on admire : le regard revient toujours au Drac, courant au fond de l'abîme vertigineux, entre des campagnes ravinées et grises, et dont le bruit monte jusqu'à nous. Le torrent roule ses eaux entre de larges bancs de gravier, dans un lit qui donnerait passage à un grand fleuve. Soudain, la gorge se rétrécit, les pentes déjà abruptes deviennent à pic, les eaux tout à l'heure divagantes sont réunies dans un chenal étroit. Malgré la beauté de la muraille calcaire de la Moucherolle et l'élégance de la pyramide du mont Aiguille apparaissant à l'horizon, l'œil est invinciblement attiré par cet abîme, profond de 800 mètres, sur les flancs duquel on monte par des corniches et des viaducs hardis. Le schiste noirâtre est, ici, complètement à nu ; cette roche délitée menaçant ruine, on a dû la faire ébouler à coups de canon pour trouver la roche saine. Au fond de l'effrayant précipice, on aperçoit un instant un pont suspendu auquel accède un chemin en zig-zag. Et, toujours plus superbe, se dresse le mont Aiguille dans son merveilleux isolement.

Brusquement, ce tragique paysage fait place à une vallée aimable, verte, fraîche, boisée, au milieu de laquelle surgit une motte, couronnée par un château féodal, défiguré il y a cinquante ans, pour être transformé en établissement thermal. On y conduit, par des machines, les eaux chaudes qui sourdent à 300 mètres plus bas, au bord même du Drac, près d'une belle cascade dont les eaux, se précipitant d'une hauteur de 130 mètres, font mouvoir les pompes. Ce paysage à la fois riant et grandiose n'a pas réussi, cependant, à amener à la Motte d'autres baigneurs que les malades sérieux venant soigner leurs rhumatismes, leurs scrofules, leurs caries et autres affections pour lesquelles ces eaux sont souveraines.

Les montagnes du Thabor, blanches de neige, forment un fond à cette belle vallée de Vaux, plus belle encore à mesure que le chemin de fer poursuit son savant et bizarre tracé. Voici, au loin, les deux viaducs de Loula, d'un grand et sobre effet, à l'entrée d'une gorge sévère. Avant de les atteindre, il faut traverser le haut viaduc courbe de Vaux, sous lequel passent des eaux jaunes. Cet ouvrage d'art est d'une élégance sévère, il s'harmonise à merveille avec le pays. Bientôt on aborde le premier viaduc de Loula, au-dessus duquel est jeté, plus sobre encore de lignes, le viaduc supérieur que l'on atteint bientôt ; il domine les bruyantes cascades du vallon de Vaux.

A la Motte-d'Aveillans, nous sommes au centre du bassin houiller, la gare est pleine de wagons prêts à former les trains qui iront à Saint-Georges-de-Commiers déverser leur contenu dans les wagons plus vastes de la Compagnie de Lyon. J'y reviendrai tout à l'heure, après avoir parcouru le petit tronçon, long de deux kilomètres, reliant à la Motte le village de Notre-Dame-de-Vaux et ses mines de charbon.

La vallée parcourue par l'embranchement est étroite et fraîche, c'est plutôt une combe entre des collines nues, mais où le gazon est semé d'intumescences noirâtres formées par les roches extraites du sol pendant les recherches d'anthracite.

Le village de Notre-Dame est à un millier de mètres de la gare, celle-ci ayant été créée pour desservir une mine voisine. C'est un grand, mais assez malpropre village, habité en majeure partie par des mineurs. L'anthracite forme, au-dessus du bourg, dans la montagne de Saint-Théoffrey, des couches nombreuses, mais de peu d'épaisseur et d'extraction assez difficile. Partout on a entrepris des recherches, creusé des galeries ou foré des puits. Ces petites exploitations, dont les produits sont répandus dans la région, à Vizille et dans les vallées voisines, entrent pour une faible part dans le produit total des mines. Beaucoup n'ont qu'un ou deux ouvriers.

De la haute croupe sur laquelle ces mines sont creusées, le mont Aiguille apparaît sous un de ses plus beaux aspects : on dirait un pilier colossal planté au sommet d'une montagne. Longtemps il arrête l'attention, mais les accidents du sol la détournent. Aux flancs de la montagne, des roches aux formes bizarres hérissent les pâturages. L'une d'elles, la *Roche percée*, est trouée d'une énorme et large fissure. Vue d'un certain angle, elle montre en perspective la masse du mont Obiou, un des géants des Alpes dauphinoises.

Au-dessous de la Roche percée, dans un ravin très profond, s'ouvre la principale galerie des mines de la Mure. Nous sommes fort loin encore de cette ville; en réalité, les mines sont celles de la Motte, mais la Mure a donné son nom au bassin. Une petite voie ferrée sort d'une galerie creusée dans des terres en pente, par là viennent les charbons que l'on conduira aux usines de triage, la partie la plus apparente de l'exploitation. La production du bassin houiller dauphinois est trop faible pour que l'on ait obtenu ici une transformation du paysage comparable à ce que l'on remarque dans le Nord ou la Loire. L'exploitation de la Motte et, sur l'autre versant de la montagne, près de la Mure, celle de Peychagnard, produisent 140,000 tonnes, le petit bassin de Notre-Dame-de-Vaux en fournit 30,000 ; enfin, à Pierre-Châtel, une autre mine donne 6,000 tonnes ; au total, 176,000 tonnes, 185,000 avec les petites exploitations désordonnées faites aux environs. C'est peu de chose auprès des millions de tonnes des grands bassins, on ne peut donc attendre ici ni vastes puits, ni cités ouvrières.

Par contre, pour livrer l'anthracite à la consommation, il faut lui faire subir un triage minutieux. Depuis l'invention des nouveaux procédés de chauffage : poêles mobiles, poêles roulants, etc., l'anthracite étant devenu un chauffage de luxe peut supporter une manutention coûteuse. De nombreuses femmes sont employées au triage des charbons, descendant sur une trémie ; elles l'effectuent rapidement. Les débris trop petits et les poussières, amalgamés avec du goudron de houille et passant entre de puissantes machines, servent à fabriquer ces petits boulets ovoïdes dont l'usage se répand chaque jour. Tout cela donne au petit village de la Motte-d'Aveillans une activité réelle.

Les mines de la Motte, l'usine de préparation des anthracites et des boulets et les mines de Peychagnard occupent 900 ouvriers, celles de Notre-Dame-de-Vaux en ont 150 ; il y en a autant à Pierre-Châtel et dans les autres mines, soit, en tout, 1,200 ouvriers pour cet intéressant petit bassin.

Il ne serait pas impossible d'accroître la production sans les frais de transport fort élevés qui rendent difficile aux charbons de la Mure l'accès de Lyon et de la vallée du Rhône. La différence de largeur de voie ne permettant pas aux wagons du réseau de Lyon de monter aux mines, il y a des opérations de chargement et de déchargement fort onéreuses ; à Saint-Georges-de-Commiers, le droit de transit s'élève à 60 centimes par tonne. Les charbons, soumis à un transbordement, s'effritent. Si l'on ajoute qu'il n'y a pas de tarifs spéciaux, on comprendra que la Mure ne puisse lutter contre le puissant bassin de Saint-Étienne et doive se borner à un étroit rayon. Il est vrai que l'importance de la ville de Grenoble, les nombreuses carrières de ciments, les fours à chaux et le chauffage hivernal dans ces hautes régions sont un débouché qui ne saurait être enlevé.

La mine de la Motte, présentant à la grande Draye un filon de cinq mètres d'épaisseur, « est la plus belle mine de toutes les Alpes françaises ». Elle n'occupe guère que des ouvriers du pays, possesseurs d'une maison et de champs, à qui le travail de la mine assure l'aisance.

Le chemin de fer a bien modifié les conditions d'existence de la mine. Jadis, on entassait le charbon à la sortie des galeries et il était vendu sur place aux charretiers qui le conduisaient à Grenoble, à Vizille et dans les autres villes du pays où de véritables marchés au combustible s'installaient. Le commerce a bien perdu de ces mœurs primitives.

Au delà des usines de la Motte, la voie ferrée traverse, par un tunnel de plus de 1,000 mètres, le col de la Festinière et atteint, à 925 mètres, le haut plateau de la Mateysine. On découvre alors cette belle plaine, encadrée de montagnes neigeuses sur lesquelles trône le majestueux Obiou. La voie ferrée court au pied du mont Sagnereau, dans les flancs duquel s'ouvrent les mines de Peychagnard. Des plans inclinés barrent la montagne et relient les galeries au chemin de fer qui transportera les charbons à l'usine de la Motte.

Le paysage, grâce à ces nombreux tronçons de voie ferrée, a pris ici un caractère industriel marqué. De hauts tas de déblais annoncent l'entrée des galeries.

Une station dessert Peychagnard et joue le rôle de gare de transit entre les usines et la voie ferrée. C'est la dernière ; quelques minutes après, nous nous arrêtons à la gare de la Mure, point terminus de ce curieux chemin de fer.

VII

LA MATEYSINE ET VIZILLE

La Mure d'Isère. — M. Chion-Ducollet et ses administrés. — En Mateysine. — Les lacs : Pierre-Châtel ; lac Mort ; Grand lac ; lac de Petit-Chat. — Laffrey. — Le retour de l'île d'Elbe. — Vizille, son château et ses industries.

Vizille, mai.

La Mure est une des petites villes de France dont on s'est le plus occupé depuis quelques années; le maire, M. Chion-Ducollet, a eu d'homériques démêlés avec le curé, avec les pèlerins de la Salette, avec les processions. Son nom a franchi les étroites limites de la province pour fournir de copieuses chroniques aux journaux de Paris. Même M. Chincholle est allé tout exprès de Paris à la Mure interwiewer M. Chion-Ducollet au nom du *Figaro*; si ce n'était pas la gloire, c'en est au moins la grosse monnaie.

J'avais rencontré le maire de la Mure chez le préfet, à Grenoble. Il s'était offert, fort obligeamment, à m'accompagner dans sa ville, et nous avions pris rendez-vous pour « un de ces jours ».

Un de ces jours, pour moi, s'est trouvé aujourd'hui, j'avais compté sans la foire. Voici que la petite ville est encombrée d'une foule énorme accourue de toute la Mateysine, même des lointaines vallées des Alpes de Corps, de Mens et de

Valbonnais. Or, M. Chion-Ducollet est notaire, son étude était envahie ; j'ai dû me borner à une courte visite sans avoir l'honneur d'être piloté par lui. Je l'ai un peu regretté ; j'aurais voulu étudier de près le « tyran » dont on nous a fait un portrait si peu flatté.

Sa marque, en tout cas, se retrouve dans toute la ville. A la gare, on n'est point encore à la Mure, les bruyants personnages qui assaillent les voyageurs et semblent vouloir les emballer de vive force dans leurs diligences et leurs breaks sont les conducteurs de véhicules pour Corps et le pèlerinage fameux de la Salette. A un quart de lieue seulement commence la ville, régulière de forme comme une bastide du Midi ; la ligne des anciens remparts est devenue un boulevard. La petite ville a des prétentions ; très propre, elle a des plaques au coin de toutes les rues, portant des noms à la saveur bien locale ; elle est éclairée à l'électricité ; son hôtel de ville, tout flambant neuf, est monumental ; des fontaines nombreuses épanchent des eaux abondantes. On devine qu'une action incessante est exercée sur la voirie. M. Chion-Ducollet doit être un homme actif, un peu fébrile même, il lui faudrait un plus vaste théâtre que cette ville peuplée de trois cents douzaines d'habitants. Peut-être faut-il attribuer à la faible étendue de la Mure les incidents qui ont rendu le maire célèbre ; la simple gestion des deniers communaux ne lui a pas suffi, il a voulu réglementer l'existence de ses administrés. Il ne semble pas d'ailleurs que ces derniers s'en plaignent : ils n'ont pas cessé de lui maintenir leur confiance.

La Mure eut jadis un rôle important dans l'histoire militaire du Dauphiné, elle a subi pendant la Ligue un siège fameux durant lequel les femmes elles-mêmes, conduites par une d'elles, la *Cotte rouge*, soutinrent l'assaut contre les catholiques ; ce n'est plus qu'un centre commercial pour les hautes vallées des Alpes dauphinoises. Sa population féminine travaille à la ganterie pour Grenoble ; les chanvres de la Mateysine y sont peignés et tissés, en partie convertis en toiles d'emballage ; les roches voisines fournissent de la pierre à ciment ; enfin une vieille industrie, celle de la clouterie, persiste malgré les grandes manufactures modernes. Mais la Mure vit surtout par le commerce avec les communes voisines, ses marchés et ses foires.

Dans ces hautes régions le paysan est resté quelque peu primitif, il croit encore aux charlatans. Sur la place, l'un de ceux-ci est vêtu, ô combien vaguement, en Arabe. Il s'est fait un burnous avec une pièce de flanelle dont il n'a pas même enlevé la lisière, il s'est plaqué sur la poitrine des médailles de fantaisie. Serrés autour de lui, les Mateysins boivent son boniment, de temps à autre l'un d'eux le tire par son burnous, le mène à part et le consulte. Un homme ainsi vêtu ne peut manquer d'être un grand médecin.

Ces paysans si crédules sont pourtant réputés pour leur finesse. On dit dans le Dauphiné « fin comme un Mateysin »; de fait, ils ont l'esprit plus avisé que leurs voisins, même le nom de la contrée viendrait de l'habileté avec laquelle ils refusèrent de reconnaître les droits des seigneurs, quand, en 1219, la fameuse inondation de la Romanche détruisit aux archives du dauphin les titres féodaux. Cela leur valut le titre de matou ou de matois, tandis que dans l'Oisans, où l'on avait reconnu les anciens privilèges seigneuriaux, on fut récompensé par le titre de prud'homme donné aux habitants : les *matois de la Mure*, les *preux de l'Oisans* a-t-on dit longtemps et dit-on parfois encore.

La plaine, aux abords de la Mure, est assez morose, la grande végétation ne s'est pas emparée de ce fond d'un ancien lac entouré de hautes et sévères montagnes couvertes de pâturages. Mais bientôt le paysage s'accidente; on passe près de la mine d'anthracite de Pierre-Châtel, modeste exploitation d'où le charbon descend, près de la route, par des câbles, dans des paniers munis de patins pour le traînage dans les galeries. Bientôt on atteint un village qui possède de curieux pignons en marches d'escaliers, semblables à ceux des maisons flamandes, c'est Pierre-Châtel. Un peu au delà, au sommet d'une côte, le paysage s'agrandit tout à coup; les yeux sont attirés d'abord par les gigantesques falaises de la Grande-Chartreuse qui semblent planer dans les airs; mais, bientôt, une nappe tranquille sollicite le regard : le lac de Pierre-Châtel, jolie conque entourée de verdure dans laquelle se reflètent les hauts sommets du Thabor de la Valdens. La route côtoie le lac, masqué par une végétation touffue et que l'on quitte bientôt pour gravir le petit col de Saint-Théoffrey. Si l'on se retourne alors vers le lac de Pierre-Châtel, on aperçoit toute la Mateysine, elle semble se terminer au massif gigantesque de l'Obiou. On redescend, et le lac de Petit-Chat apparaît. De loin, les rives paraissent nues et géométriques, mais à mesure qu'on approche, le lac se fait plus gracieux, de petits golfes découpent les rives, de l'un d'eux sort un ruisseau qui, de chute en chute, va se déverser dans le Grand lac. On aborde celui-ci au village de Petit-Chat, dont la jolie chapelle de style ogival rayonnant attire un instant l'attention.

Mieux encadré que ses voisins, le Grand lac est plus pittoresque ; dominé par la haute et lourde masse de la Grande-Serre, couverte de pâturages, il est bordé de jolies collines bien cultivées, semées de bouquets de bois ; les dentelures de la rive, de petits promontoires de rochers, les bois d'essences diverses, les barques qui le sillonnent en font un des plus beaux tableaux de ces montagnes, rendu grandiose par l'apparition hautaine du Taillefer et de l'Obiou.

Au delà d'une colline boisée, une autre nappe beaucoup plus petite, mais charmante aussi, le lac Mort, est étalée dans une dépression profonde; les eaux du lac de Laffrey, abondantes et limpides, s'écoulent par un seuil de rochers, traversent un instant le village et, se frayant un chemin dans un immense ravin rempli de châtaigners énormes, descend de cascade en cascade jusqu'à la Romanche. Le ravin n'a pas 4 kilomètres de développement et le torrent a une chute de plus de six cents mètres. Cette gorge est peu connue encore, elle est cependant supérieure à bien des sites vantés ; les eaux frémissantes bondissent de rocher en rocher, fuient en écume sur de petits plateaux couverts de châtaigners, et aboutissent à la Romanche, en face du faubourg vizillois du Péage. Les châtaignes de ce coin de montagnes passent pour les plus gros et les plus savoureux des marrons de Lyon.

C'est à Laffrey que Napoléon, revenant de l'île d'Elbe, rencontra les premières troupes opposées à sa marche : le 5ᵉ de ligne et les sapeurs du génie. Les soldats hésitaient à tirer sur l'Empereur ; celui-ci, s'avançant, leur adressa ces paroles fameuses :

« Soldats ! je suis votre général, ne me reconnaissez-vous pas ? S'il est parmi vous un soldat qui veuille tuer son général, me voilà ! »

Les soldats répondirent par le cri de : « Vive l'Empereur ! » et, se mettant à la suite de la vieille garde, descendirent avec elle à Vizille. A la première nouvelle, la ville entière accourait. Les jeunes gens ayant à leur tête le fils du gardien du château de Vizille, Victor Hammer, mon grand-père, alors grand et beau garçon de quinze ans, montèrent à cheval pour se porter à la rencontre de l'Empereur. Victor Hammer est mort l'an passé, c'était le dernier témoin de cette journée pendant laquelle la population de Vizille fit à Napoléon et à ses soldats une réception enthousiaste. Cependant le maire, parlant au nom de la population, rappelait à l'Empereur que la Révolution était née à Vizille, et que si les habitants l'acclamaient, ils espéraient qu'on maintiendrait leurs droits et leurs privilèges.

En descendant la route de Laffrey, l'Empereur, pour la première fois depuis son débarquement et son voyage par les routes encaissées des Basses et des Hautes-Alpes, voyait s'ouvrir devant lui un large coin de France. De là, il découvrait Grenoble et ses vastes fortifications dont la possession l'assurait d'une place d'armes précieuse ; il pouvait, au loin, deviner les immenses plaines du Rhône et de la Saône. S'il devenait maître de ce pays, la France lui appartenait de nouveau.

Le touriste ne saurait avoir de si larges pensées, il admire simplement ce paysage grandiose : au fond Vizille, son château, ses usines, commandant l'entrée du beau val d'Uriage ; puis les sommets de la Grande-Chartreuse ; des vallées s'ouvrant à tous les points de l'horizon, les unes larges et ensoleillées, les autres étroites et profondes ; au premier plan les forêts et les « laguets » de Prémol, les champs de neige d'Allemont ; tout cela forme un des plus beaux paysages de la France.

La descente vers Vizille est un enchantement, chaque pas révèle de nouvelles beautés. Si l'on s'écarte de la route on trouve autour de Saint-Pierre et de Notre-Dame-de-Mézage des coins admirables par les châtaigneraies où bruissent les cascades. On passe près de l'antique et belle chapelle romane de Saint-Sauveur ; peu après la route atteint enfin un palier, on est descendu pendant six kilomètres. Le lac de Laffrey dort à 911 mètres et l'on est maintenant à 280 seulement, sur un pont superbe construit en 1753, de plus noble allure et presque aussi hardi que le fameux pont de Claix. Au delà du pont s'ouvre une large rue et, formant la perspective, un château de belle ordonnance. Nous sommes à Vizille.

Sauf la rue par laquelle nous venons d'entrer, Vizille a des voies plutôt tristes et noires, en réalité ce n'est qu'une longue rue étroite, bordée de hautes maisons sombres. Dans cette rue court un petit chemin de fer qui relie Vizille à la ligne de Gap et au Bourg-d'Oisans. Cette voie ferrée se prolonge sur Uriage et Grenoble par un embranchement. Peut-être ces facilités de communication feront-elles naître de nouveaux hôtels et quelques maisons plus élégantes. En attendant, Vizille possède la vue superbe du Conex que gravit la route de la Mure, elle a surtout son château et le parc merveilleux qui lui fait face. Elle a aussi des ruines précieuses, malheureusement elles ne sont pas ouvertes au public, c'est ce qu'on appelle le château du roi ; là, pendant longtemps, se dressa un château féodal construit par les évêques de Grenoble, il devint plus tard la résidence d'été des dauphins de Viennois, puis propriété particulière des dauphins de France. Il couvrait un rocher isolé encore garni de tours et de remparts, mais les ruines disparaissent sous un épais manteau d'arbres et de lierre, une seule partie reste maintenant visible, c'est un réservoir d'eau, transformé aujourd'hui en bassin de verdure.

Le château delphinal était déjà une ruine lorsque Lesdiguières devenu, à la suite des guerres civiles et des luttes contre le duc de Savoie, le véritable roi du Dauphiné, voulut construire une demeure en rapport avec la haute situation qu'il s'était acquise. En 1593, alors que son maître Henri IV devenait roi incontesté, il échangea une partie de ses terres contre le marquisat de Vizille qui comprenait 53 paroisses de l'Oisans, de la Mateysine et des environs de la ville jusqu'à Vif. La construction fut longue, en 1620 seulement le château fut achevé; pour l'époque ce fut une merveille, aucun grand seigneur n'avait encore fait édifier une aussi vaste et somptueuse demeure. Une grande partie de la vallée, quatre-vingts hectares environ, était close de murs et formait un parc vraiment royal.

Pour accomplir une telle œuvre, la fortune la plus énorme n'aurait pu suffire si Lesdiguières n'avait imaginé de commander de corvée tous les habitants de son marquisat. Le jour où les ouvriers d'une paroisse étaient requis, on en faisait l'annonce devant l'église et le héraut terminait par ces simples mots qui décidaient les plus récalcitrants : « Viendrez ou brûlerai. » Grâce à ce procédé il fut possible d'avoir continuellement des ouvriers nombreux sur les chantiers. Bientôt la forteresse dressa orgueilleusement ses tours, déploya devant le parc son perron à double évolution, entr'ouvrit sur le château du roi le grand portail donnant accès à la cour d'honneur et orné d'une statue équestre de Lesdiguières.

Après la mort de Henri IV, le vaillant soldat dont le Béarnais avait fait un maréchal de France, François de Bonne, le petit gentilhomme du Champsaur qui avait gagné tous ses titres l'épée au poing, fut sollicité d'abjurer le protestantisme ; il y consentit. En échange, Louis XIII lui donna d'abord le titre de duc de Lesdiguières, du nom de son château des Diguières, puis la dignité de connétable. Cependant, le vieux soldat hésita longtemps, saint François de Sales réussit à le convertir. Lorsque la nouvelle fut connue, le maréchal de Créqui, envoyé du Roi à Grenoble, réunit la noblesse et demanda solennellement au duc s'il était catholique. Lesdiguières, se tournant vers le Parlement et les seigneurs, leur dit : « Messieurs, allons à la messe. »

Et le compagnon d'armes du baron des Adrets

alla à la cathédrale entendre la messe de l'archevêque d'Embrun. Après la cérémonie le duc fut investi de la dignité de connétable, « pour, disait la lettre du Roi, avoir toujours été vainqueur et n'avoir jamais été vaincu ».

Quelque temps après, le roi vint à Grenoble et fut, au château de Vizille, l'hôte du connétable, à qui son père devait en partie sa couronne.

Après la mort du connétable, le château passa au duc de Créqui son gendre ; plus tard, après la mort du dernier duc de Lesdiguières, il devint la propriété du maréchal de Villeroy. Mais le château était trop loin de la cour, d'ailleurs ses vastes dimensions le rendaient difficilement habitable, les descendants de Villeroy le vendirent à un industriel, Claude Perier, originaire de Mens, qui avait doté la province de nombreux établissements ; il y créa une fabrique de toiles peintes. Quand, en 1788, les États du Dauphiné n'osèrent se réunir à Grenoble, ville forte occupée par une garnison nombreuse, Claude Perier leur offrit asile. C'est dans la salle du jeu de paume, à l'entrée de la vallée d'Uriage, que se tint l'assemblée, sous la présidence du comte de Morges. La réunion dura seize heures, l'adresse au roi qui y fut votée fut le premier signal de la Révolution française.

En 1888, la ville de Vizille a inauguré au pied du château, sur un terre-plein en partie entouré par les eaux des ruisseaux venus du parc, un monument commémoratif de cette grande journée ;

le regretté M. Carnot, président de la République, présida la cérémonie, il avait reçu l'hospitalité au château où l'avait invité M. Casimir-Perier qui devait le remplacer à la présidence.

Le château et le parc appartiennent encore, en

effet, à la famille Casimir-Perier, mais ils doivent être acquis par le département qui y installera un musée dauphinois et un asile de vieillards[1]. Le cinquième président de la République y est rarement venu; cependant, dans sa jeunesse, il y passa une partie de ses vacances. Les habitants de Vizille se souviennent encore de ce jeune homme à la figure sérieuse et pensive, qui, un livre à la main, parcourait à pas lents les allées bordant la « nappe », pièce d'eau transparente, où se déversent, par une belle cascade, les eaux de la fontaine de la Dhuys, pendant que son père, celui qui devait être le ministre de M. Thiers, pêchait des truites avec une habileté consommée. On eût bien surpris les Vizillois de ce temps-là, en plein second empire, après Solférino, en leur disant que ce grave jeune homme serait un jour président de la République.

Le château est d'une grandeur et d'une majesté réelles; ses hautes tours, son beffroi, ses escaliers monumentaux sont d'un puissant effet dans le paysage.

Le parc est un des charmes, le plus grand, de Vizille. Le mur construit par le connétable et qui

---

[1]. Ces projets ne se sont pas réalisés, le château et le parc sont devenus la propriété d'industriels lyonnais.

a résisté depuis deux cents ans aux intempéries, n'a pas moins de 44 kilomètres de développement. Au fond, dans un vaste bassin ombragé d'arbres plusieurs fois centenaires, jaillit une source admirable, la Dhuys; les eaux vont ensuite, sous un dôme de verdure, border la romantique allée des Soupirs, où les grands arbres s'alignent en longue perspective.

Mais l'aspect des lieux a bien changé, le parc est aujourd'hui une sorte de jardin anglais; au temps du connétable, il faisait déjà prévoir Versailles et sa nature artificielle. Un vieil auteur en parle ainsi avec enthousiasme :

« Ces dragons, ces serpents, gardiens du château et de la fontaine qui baigne ses pieds, ce jeu de paume, cette ménagerie, ce parc enclos de longues murailles, ces allées, ces forges, ces martinets, ces remparts contre l'impétuosité de la Romanche, ces parterres, ces vergers, ces sources d'eaux claires et limpides, coulant avec tant de douceur, jamais enflées ni troublées... »

Les forges et les martinets avaient fait place aux usines des Perier et à de nombreux établissements, dont les constructions seules subsistent. L'industrie a quitté le château et s'est portée au dehors. L'abondance des eaux a attiré des Lyonnais, ils y ont installé trois de leurs plus vastes usines de soierie. Elles sont en partie dans la ville même, en partie dans son faubourg du Péage. 1,380 femmes et 250 hommes sont employés dans les quatre établissements consacrés à la soierie.

Les forges et laminoirs situés à l'entrée de la ville vers Grenoble occupent 110 ouvriers; la belle papeterie de MM. Peyron renferme 50 femmes et 150 hommes; une fabrique de carton compte 110 ouvriers; une scierie en occupe 20; les voies ferrées du Dauphiné, dont Vizille est la gare principale, ont au dépôt 80 employés ou journaliers. Enfin 180 métiers à bras installés à domicile travaillent pour les fabricants de soieries.

C'est un chiffre total de 2,270 ouvriers et ouvrières sur une population de 4,252 habitants. Le développement industriel de la ville est loin d'avoir atteint toute son intensité; la force motrice de la Romanche n'a pas été complètement employée. Les eaux nées dans le parc peuvent donner encore des centaines de chevaux. On en aurait des milliers en aménageant pour l'industrie les beaux lacs de Laffrey, qui assureraient à Vizille une chute de près de 700 mètres.

Tout cela sera un jour utilisé comme l'a été la Fure dont les eaux sont moins abondantes et la chute infiniment moins considérable. Le voisinage du bassin houiller de la Mure, les autres gisements d'anthracite reconnus dans les montagnes voisines, contribueront sans doute aussi à cet accroissement.

VIII

URIAGE, LE PONT DE CLAIX

La vallée de Vaulnaveys. — Uriage. — Le Maupas. — De Grenoble au Pont-de-Claix. — Le pont de Claix. — Souvenir de Mandrin. — Le Drac et la Romanche. — La légende de Lesdiguières. — Séchilienne. — Entrée dans l'Oisans.

Séchilienne, mai.

Le petit chemin de fer, ou tramway, comme on appelle ici la ligne des voies ferrées du Dauphiné, dessert par un embranchement la riante vallée de Vaulnaveys : il y pénètre en empruntant le tunnel creusé sous le rocher du château du Roi à Vizille. Des champs de maïs, des prés, des vignes, de jolis ruisseaux couvrent ce beau pli des Alpes enfermé entre les hautes croupes boisées de Prémol et les collines assez arides de Brié. Bientôt on est en vue des Vaulnaveys. Ces deux villages sont devenus des centres de villégiature; Vaulnaveys-le-Haut, voisin des bains d'Uriage, est une sorte d'annexe de cette station ; les hôtels et les villas y sont nombreux. Dans ma jeunesse déjà, le bourg commençait à se poser en station balnéaire ; je me souviens d'une voiture d'hôtel dont l'inscription faisait nos délices : elle portait, au-dessous du nom de l'hôtelier, ces mots : « à Veau navet » ; c'était fort culinaire, si c'était mal orthographié. L'autre village, Vaulnaveys-le-Bas, est en réalité situé six cents mètres *au-dessus* de l'autre, du *Haut*, à près de mille mètres d'altitude, non loin de la forêt de Prémol, une des plus belles des Alpes, qui couvre le flanc de Chamrousse, superbe montagne surmontée d'une croix, d'où la vue est merveilleuse et que sillonnent de profonds ravins où dorment des laguets.

Entre les prés et les coteaux couverts de belles maisons blanches, auberges ou villas, court la route, suivie sur les accotements par le chemin de fer ; on atteint bientôt l'établissement d'Uriage. Au premier plan, un château féodal commande la vallée ; au-dessous s'étend un beau parc, de vastes bâtiments d'une ordonnance sobre et élégante à la fois : c'est Uriage, un des établissements de bains les plus justement réputés de notre pays, malgré l'origine assez récente de sa célébrité. Les Romains, ces grands baigneurs, les connaissaient, mais, comme presque partout, les invasions des Barbares avaient détruit les thermes luxueux où les riches Gallo-Romains de *Cularo* ou *Gratianopolis*, devenue Grenoble, venaient se délasser. La vertu des eaux d'Uriage resta cependant connue longtemps encore, jusqu'au jour où un seigneur du lieu, ennuyé de voir accourir près de son château une foule de gens affligés de maladies de peau, d'écrouelles, etc., fit achever l'œuvre des barbares et resta enfin maître chez lui. On ne connut plus la source que par son goût salé : les habitants l'appelaient la Sauce.

Au milieu du siècle dernier, on découvrit à ces eaux salines des qualités purgatives; alors on accourut de Grenoble s'abreuver au ruisseau qui coulait dans le marais. Le fermier d'un domaine voisin, les Alberges, nommé Brun, installa une sorte d'hôtel où les malades trouvaient un gîte. Cet embryon d'établissement existait encore après la Révolution; il appartenait à M. Claude Perier, père de Casimir Perier, et arrière grand-père du cinquième Président de la République. Sous la Restauration, la source appartenait à la marquise de Gautheron ; le préfet de l'Isère, le baron d'Haussez, à qui le département doit beaucoup, lui conseilla de créer un établissement digne de ce nom ; il entreprit au compte de l'administration des fouilles qui firent connaître le débit considérable des eaux, jusqu'alors perdues dans le marais. Mme de Gautheron construisit des bâtiments; le succès fut rapide, bientôt on se vit dans l'obligation de refuser des baigneurs, le débit des eaux étant loin de faire face à tous les besoins. Mme de Gautheron mourut ; vers 1841, le comte de Saint-Ferriol, qui hérita de sa fortune, entreprit de nouvelles recherches ; elles amenèrent au jour des sources abondantes, le débit fut quinze fois augmenté et atteignit cinq mille hectolitres par jour.

L'établissement a naturellement pris une extension considérable. Les hôtels sont nombreux, de beaux magasins, de nombreuses villas font d'Uriage un des plus attrayants rendez-vous d'été du Dauphiné. C'est ce qui explique son succès et son caractère d'élégance. D'ailleurs, Uriage n'est pas seulement fréquenté par les malades, c'est un séjour très recommandé pour les enfants délicats auxquels la mer ne peut convenir ou dont les familles sont trop éloignées de l'Océan.

Naturellement, Uriage possède casino, cercle, salon et kiosque de musique. M. de Saint-Ferriol a fait du château un musée fort intéressant, ouvert chaque semaine aux visiteurs.

Mais le grand charme d'Uriage réside surtout dans ses environs. Ils se prêtent aux excursions pour tous les âges et toutes les forces ; les malades, les enfants, ont dans le parc, sur la route de Vizille, aux environs immédiats de l'établissement, des promenades ombreuses ; ceux qui sont plus vaillants ont le premier étage des montagnes, la forêt de sapins de Prémol, les grands pâturages et le sommet facilement accessible de Chamrousse. Enfin, les alpinistes dignes de ce nom ont le massif de Belledonne, ses névés, ses glaciers, ses lacs, ses cascades abondantes. Tout cela à deux pas du Graisivaudan où mûrit le maïs, où le raisin donne chaque année d'abondantes vendanges, où le mûrier forme de véritables forêts.

Sur un espace de quelques lieues, le Midi confine au pôle, on a tous les étages de végétation. Nulle part, même en Suisse, le contraste n'est plus tranché entre la base et le sommet des montagnes.

D'Uriage à Grenoble on suit une gorge étroite, très verte, dominée par les petites montagnes qui portent le fort des Quatre-Seigneurs et le village de Vénon. C'est le *Maupas* ou *Mauvais pas*. Jamais nom ne fut plus immérité; les prés, les bois, les eaux ruisselantes font de ce vallon une chose charmante. Brusquement, la gorge s'entr'ouvre, on traverse le gros bourg de Gières et l'on reste émerveillé. On est en pleine vallée du Graisivaudan, dans un pays d'une richesse inouïe. Ici, la vigne grimpe aux ormeaux et aux merisiers, dans les champs où les céréales, le maïs, les légumineuses, les fourrages artificiels se succèdent ou se mêlent. Dans ces terres fertiles on fait trois ou quatre récoltes par année. Il faut aller jusque dans le Comtat, aux environs d'Avignon et de Cavaillon, pour trouver une telle splendeur de végétation. A droite, la masse du Saint-Eynard dont les escarpements vertigineux sont couronnés par le fort, à gauche les hautes et blanches cimes de Belledonne dominent cet opulent bassin. Entre ces immenses parois de la Chartreuse et ces superbes montagnes de Belledonne, la vallée, large, lumineuse, semble sans fin.

Bientôt, voici Grenoble. Après un court séjour je suis revenu à Vizille pour gagner l'Oisans. J'ai fait à pied le trajet jusqu'au Pont-de-Claix par le cours Saint-André, avenue sans rivale, orgueil de Grenoble. Il y a là, en ligne droite, une voie de huit kilomètres bordée de quatre rangées d'arbres et de fossés remplis d'eau courante. Les arbres sont hauts, si touffus pendant les jours d'été qu'il ne filtre pas un seul rayon de soleil.

Au bout de cette avenue vraiment royale est le village du Pont-de-Claix. Il a pris naissance, son nom l'indique, à la suite de la construction d'un pont. Aujourd'hui, on pourrait dire « les » Ponts-de-Claix, car il y en a deux, l'ancien et le nouveau, jetés côte à côte sur le même étranglement du Drac.

Longtemps, le pont primitif fut considéré comme une merveille, c'était le seul point où l'on pût traverser l'énorme torrent, le plus grand des Alpes Dauphinoises après la Durance. Le régime de ce cours d'eau est si variable, si terribles sont les crues, qu'on ne pouvait songer, avec les ressources du vieux temps, à franchir le Drac dans les parties de son cours où il s'étale en un lit de 300 à 1,200 mètres de largeur, plus encore pendant les très hautes eaux. Les fondations ne pourraient avoir de fixité dans ces grèves immenses, sur lesquelles, à l'étiage, roulent, entre des flots, de maigres filets d'eau, et il suffirait d'une nuit pour tout emporter. Mais, au Pont-de-Claix, le Drac est resserré entre les hauteurs de Champagnier et une sorte de bourrelet rocheux, très mince, dominant d'une centaine de mètres le confluent de la Gresse et du Drac ; pour franchir ce défilé, l'immense lit du torrent se resserre, sa largeur de un kilomètre se réduit à 40 mètres à peine entre deux roches. Ce passage fort curieux est l'œuvre de l'homme : jadis le Drac courait à droite, au pied des hauteurs, et divaguait dans la plaine jusqu'à Grenoble. C'était un péril pour la ville ; les habitants, en 1377, à une époque où les moyens de perforation des roches étaient bien imparfaits, creusèrent un nouveau lit au torrent pour éviter les désastres semblables à celui de 1219, causé par la débâcle du lac Saint-Laurent. Alors la capitale fut presque entièrement détruite par le *Serpent*, l'Isère sinueuse, et le *Dragon*, c'est-à-dire le Drac fougueux :

> Lou Sarpent et lou Dragon
> Mettront Grenoblou en savon.

L'œuvre des bourgeois de Grenoble fut complétée, 230 ans plus tard, par Lesdiguières : il fit jeter un pont au-dessus du pertuis. Le connétable, pour mettre Grenoble à l'abri, fit, en outre, creuser un nouveau lit au Drac; contenu entre deux digues, le torrent dut se jeter dans l'Isère, au-dessous de la ville qu'il avait si souvent menacée.

Le pont est très hardi : s'il n'a rien pour surprendre aujourd'hui, où l'art de l'ingénieur a fait de si grands progrès, on comprend l'enthousiasme des contemporains. Un historien du Dauphiné traduit ainsi leur impression :

« Il est à une lieue de Grenoble, bâti sur le Drac, d'une seule arche, d'une largeur prodigieuse, ayant vingt-deux toises et demie de long d'un fondement à l'autre, sur deux rochers dont la matière est de pierre blanche ; sa structure admirable et sa hauteur surprennent tous ceux qui le regardent, aussi le connétable de Lesdiguières, qui l'a fait construire en 1611, a fait mettre d'un côté cette devise :

ROMANAS MOLES PUDORE SUFFUNDO !!

Et de l'autre celle-ci :

UNUS DISTANTIA JUNGO.

Ces inscriptions légèrement excessives ont disparu, le pont lui-même, après avoir servi de communication unique entre les deux versants de la vallée pendant plus de 250 ans, n'est plus qu'un monument historique, son arche de 46 mètres de portée, dont la clef domine de 16 mètres le niveau du Drac, est en dos d'âne ; on n'y parvient que par une montée fort raide ; en outre, il est très étroit et insuffisant pour la circulation active de nos jours. C'est pourquoi on a été amené à construire, à côté du pont, un nouveau monument, moins pittoresque, mais plus pratique. C'est également une arche unique, la plus grande arche surbaissée de France; elle n'a pas moins de cinquante-deux mètres de portée et de huit mètres cinquante de flèche. C'est l'œuvre d'un ingénieur de grand talent, M. Cendre, devenu plus tard directeur des chemins de fer de l'État. Sur ce pont passe la route nationale de Chalon-sur-Saône à Sisteron.

Le vieux pont de Claix n'en reste pas moins un souvenir précieux. Même pour le touriste que les prouesses dauphinoises de Lesdiguières ne sauraient toucher, sa visite s'impose. Du sommet on a une des plus belles vues du Dauphiné. On est comme isolé au milieu de la plaine de Grenoble en face des hautes montagnes du Villard-de-Lans, sévères mais superbes ; leurs contreforts verdoyants, d'où tombent de claires cascades, sont semés de villages et de hameaux ; au-dessus de Grenoble, dont les fortifications ont si grande allure, se développent tous les accidents du massif de la Chartreuse. La vallée du Graisivaudan, large, lumineuse, luxuriante, s'entr'ouvre. A la tombée de la nuit, quand toutes ces montagnes sont baignées dans la lumière dorée du couchant, le spectacle est d'une merveilleuse splendeur.

Sous le Drac passe en siphon l'eau des sources de Rochefort nées près de là, et qui apportent chaque jour, à Grenoble, 3,600 litres à la minute.

Le pont de Claix, pour les habitants, évoque surtout le souvenir de Mandrin. Le fameux contrebandier est le héros dauphinois qui a conservé la plus grande popularité. Ce n'est pas un travers de la province. Si l'on songe aux persécutions fiscales qui marquèrent les derniers règnes de l'ancienne monarchie, à la gabelle, aux aides, etc., on comprend l'enthousiasme des populations envers l'homme assez hardi pour se mettre en lutte ouverte avec les « gabelous ». Mandrin était Dauphinois, il a surtout opéré dans son pays ; partout, mais particulièrement aux grottes de la Balme et au pont de Claix, on retrouve sa légende.

Le pont de Claix, au temps de Mandrin, c'est-à-dire en 1754, était fermé par une herse que les employés des gabelles ouvraient après le paiement des droits. Le contrebandier, à la tête de sa troupe, passait par le pont pour se rendre à Montélimar. La sentinelle l'invita à entrer au bureau pour y déclarer ses marchandises ; sans répondre, Mandrin assomme le factionnaire, fait tirer sur les douaniers, ferme la porte derrière lui, et, laissant la gabelle impuissante de l'autre côté de la herse, reprend son chemin en emportant les produits de la contrebande. C'est un des moindres méfaits pour lesquels Mandrin fut roué vif.

Du chemin de fer même, on ne voit pas les ponts, il faut descendre du train ; la gare est d'ailleurs à côté de ce site fameux. La voie ferrée continue à longer le Drac jusqu'au confluent de la Romanche. Ici, le grand torrent est encore rétréci entre deux collines, son lit n'est guère plus large qu'au pont de Claix. Cet « étroit » s'appelle le Saut-du-Moine : on raconte qu'un jeune moine du prieuré de Champagnier poursuivant une jeune fille, celle-ci, pour s'échapper, s'élança du haut du rocher. Le moine la suivit, tous deux périrent dans le Drac.

Les deux torrents semblent également puissants, mais la Romanche, contenue dans un lit plus étroit, d'une pente plus grande, roulant des eaux grises, a plus grand caractère que le Drac, venu entre les graviers d'un lit trop large. C'est la Romanche que nous allons suivre désormais ; le chemin de fer de Gap la longe un instant encore, jusqu'à l'entrée de la gorge du pont de Champ. Là, à trois kilomètres de Vizille, est la gare de ce nom ; la voie ferrée, aussitôt après, franchit le torrent pour remonter le Drac qu'elle traversera à son tour à Saint-Georges-de-Commiers.

Le chemin de fer du Bourg-d'Oisans, exploité par la Compagnie des voies ferrées du Dauphiné, part de la station de Vizille, gare très active, car la vallée de la Romanche est fort industrielle et renferme d'importantes usines. Une petite locomotive, d'élégants wagons bien suspendus, avec de larges fenêtres permettant de voir le paysage, et des plates-formes où l'on peut se tenir debout, sont prêts à partir. Derrière les wagons de voyageurs est une longue file de fourgons. Le train se met en marche sur les accotements de la route et file rapidement au bord même de la Romanche dont les eaux rapides, souillées par les débris des glaciers et des ravins schisteux, bondissent sur les cailloux. Des barrages formés de troncs d'arbres forcent les eaux à pénétrer dans un canal bordant l'autre côté de la route. Ce canal est la fortune de la plaine de Grenoble ; il fait mouvoir ses usines, il irrigue ses prairies, répand la fraîcheur autour de lui. C'est une faible partie des forces motrices et fertilisantes que pourrait fournir le torrent, dont la portée atteint quatre-vingt-cinq mètres cubes par seconde. On peut juger de l'importance de ce cours d'eau en le comparant à la Seine : à Paris, le fleuve roule soixante-quinze mètres cubes en moyenne, mais la Seine est calme et lente et la Romanche se forme dans des monts de près de 4,000 mètres d'altitude; à son confluent avec le Drac, à 264 mètres, elle a parcouru quatre-vingt-dix kilomètres seulement. On comprend la puissance dévastatrice d'un tel torrent, et quelle puissance économique il pourra donner lorsque ses eaux seront entièrement à la disposition des industriels.

Nous remontons la Romanche par le chemin de fer du Bourg-d'Oisans ; sa vallée, à mesure qu'on approche de Vizille, s'entr'ouvre peu à peu entre de belles collines très vertes, tapissées de noyers qui produisent la noix de primeur. Il y a de beaux groupes de ces arbres autour du château de Cornage et du village de Montchaboud.

Au delà de Vizille, le chemin de fer suit jusqu'au Péage le mur d'enceinte du parc. En ce point, la muraille touche presque la Romanche. Là, dit une légende viziloise, le connétable de Lesdiguières, ayant fait un pacte avec le diable, se vit arrêté. Satan lui avait dit qu'il construirait la muraille pendant le temps qu'il mettrait à parcourir son domaine, mais si les murs étaient achevés avant la fin de la course, l'âme du duc devait appartenir à l'enfer.

Le « Renard du Dauphiné », comme l'appelait le duc de Savoie, accepta le marché. Durant la nuit, toute une légion de diables apporta des matériaux pour édifier le gigantesque rempart. Au moment où Lesdiguières, parti de son château, arrivait vers la fontaine de la Dhuys, la muraille se fermait et le cheval se trouva pris par la queue, tout l'enfer poussa des hurlements de joie, mais le vieux duc tirant son épée, coupa la queue de l'animal et réussit à gagner le bord de la Romanche.

Quand j'étais enfant, nous allions, mes camarades et moi, contempler, avec vénération une touffe d'herbes desséchée se balançant au vent au sommet du mur, et que nous croyions fermement être la queue du cheval.

Le Péage est un village rendu très vivant par une grande usine de tissage de soie occupant plus d'un millier d'ouvrières. En face, dans un très beau site, Saint-Pierre-de-Mésage domine le confluent du ruisseau de Laffrey et du grand torrent.

On entre, plus loin, dans les gorges de la Romanche, aussitôt très étroites et profondes ; la rivière est fort rapide et abondante ; à peine laisse-t-elle place à la route, taillée parfois dans le flanc de la montagne, mais, çà et là, de petites terrasses sont couvertes de cultures. Les montagnes tombent sur la Romanche sous forme de hautes falaises vertes et boisées, laissant apercevoir parfois la cime neigeuse des monts. Un instant, la gorge s'élargit en un bassin qui serait riant grâce à ses belles eaux, à ses prairies et à ses hameaux, si les montagnes n'étaient si hautes et ne semblaient écraser le paysage. Sur la rive gauche, un gros torrent accourt, celui de la Morte, descendu de la base du Taillefer. Au fond du vallon, une cascade se précipite ; sur les flancs s'étagent les maisons et les chalets de Saint-Barthélemy. Par là monte le chemin qui conduit dans la jolie vallée de Lavaldens. Sur la rive droite, une autre vallée s'entr'ouvre en bel amphithéâtre de cultures et de bois; un château flanqué de tours, un joli village, animent ce vallon dominé par la forêt de Prémol; c'est Séchilienne. Le centre de la commune est descendu au bord de la rivière, longue rue qui, sous le nom de Notre-Dame-de-l'Isle, borde la route. Le bourg a des maisons aux pignons curieux, couvertes de grandes ardoises ; il s'étend jusqu'à l'entrée d'une nouvelle gorge que l'on peut considérer comme la porte de l'Oisans.

IX

L'OISANS

Le vestibule de l'Oisans. — Papeterie de Rioupéroux. — L'ancien lac Saint-Laurent et le déluge de 1219. — Richesses minérales de l'Oisans. — Le Bourg-d'Oisans. — Hautes gorges de la Romanche. — Les premiers glaciers. — La Grave-en-Oisans. — De la Grave au Lautaret.

Col du Lautaret, juin.

Séchilienne est le vestibule de la grande vallée de l'Oisans : à gauche, d'immenses escarpements commandent l'étroit passage, 1,000 ou 1,500 mètres au-dessus de la rivière, roches tragiques d'où descendent de formidables éboulis, mais bien belles avec leur parure d'arbres verts qui ont crû dans tous les interstices. Pour éviter les éboulis, la route passe sur la rive gauche où elle suit les pentes de montagnes plus hautes encore, mais moins fièrement dressées. Ce sont les contreforts du Taillefer (2,861 mètres) et du Cornillon (2,500 mètres). De ce côté, quelques groupes de maisons ont pu s'établir ; le plus important, Gavet, est à l'entrée d'une énorme fissure par laquelle se précipite un torrent venu du lac Fourchu, endormi au pied du Taillefer et devant ce nom bizarre à sa forme. Autour du lac Fourchu, d'autres nappes plus petites s'étalent : le lac Canard, le lac de la Vache, le lac de l'Agneau, le lac Culasson, et j'en passe. La présence de ces petits bassins explique les nombreuses cascades ruisselant des hauteurs.

La vallée n'est qu'un immense éboulis ; des blocs énormes sont venus s'arrêter au bord du torrent ; entourés d'arbres, noyers ou châtaigniers, ils perdent un peu de leur aspect chaotique. La gorge est cependant déserte et triste; tout à coup, au delà du petit hameau des Claveaux, apparaissent de hautes cheminées, de vastes bâtiments et montent des bruits de machines, en même temps on est saisi par l'odeur spéciale des papeteries. C'est en effet une des plus importantes papeteries de ce département placé à la tête de la production des papiers en France, l'usine de Rionpéroux, installée à la place d'une usine métallurgique. La Romanche lui fournit une force motrice inépuisable et permet d'éclairer cette sombre gorge à l'électricité.

Il y a un an, le chemin de fer n'allait pas au delà de Rionpéroux; pour gagner le Bourg-d'Oisans ou la Grave, il fallait monter en diligence ; maintenant, la locomotive continue sa course ; elle remonte la Romanche et traverse le joli village de Livet, où la route passe un instant sur la rive droite, au pied du rocher de l'Homme, dont l'altitude dépasse 2,000 mètres. Ici, la vallée s'élargit un peu, ses flancs sont couverts de belles forêts, surtout au nord, où les sapins sont d'une superbe venue.

La Romanche roule de rocher en rocher, par une série de chutes puissantes, dont chacune pourrait faire mouvoir une usine comme Rioupéroux.

Ces rochers sont les débris d'un immense barrage formé par des éboulements de la grande Vaudaine, ramification méridionale de Belledonne et de l'Infernet, un des éperons de la cime du Cornillon. A la suite de grandes pluies, ces montagnes, situées sur chaque rive de la Romanche, avaient en partie glissé dans la gorge et retenu les eaux. L'Oisans tout entier avait été transformé en un lac d'une grande profondeur, qui s'étendait du nord au sud sur près de 15 kilomètres de longueur, atteignant environ 2 kilomètres en largeur. Toutes les habitations furent noyées ; le lac reçut le nom de lac Saint-Laurent. Il s'empoissonna, la pêche fut attribuée aux religieuses de Prémol.

Il semblait que cette immense nappe dût subsister éternellement, tant le barrage était puissant ; mais, le 14 septembre 1219, date restée fameuse dans l'esprit des Grenoblois, le barrage céda, les énormes matériaux qui le composaient furent entraînés jusqu'au delà de Séchilienne ; le torrent, prodigieusement grossi, détruisait tout sur sa route, enfla le Drac, qui, alors, se jetait dans l'Isère au-dessus de Grenoble ; la rivière, à son tour, envahit la ville, ceux des habitants, de nombreux étrangers accourus pendant une foire et qui n'avaient pu se réfugier dans les monuments élevés de la ville, furent noyés. Les traces de la catastrophe sont encore visibles dans toute la gorge, et la plaine de l'Oisans elle-même, d'une horizontalité absolue, a conservé l'aspect lacustre.

Le chemin de fer traverse le cône de déjection de l'Infernet, en face de la grande Vaudaine. Au delà commence véritablement l'Oisans. La vallée est annoncée par la jolie cascade de Bâton, tombant de rochers superbes, sobrement boisés et aussitôt on est dans la plaine que dominent d'immenses montagnes, vertes de sapins.

Un instant, on aperçoit la vallée d'Allemont, une des plus belles de l'Isère, très large, très verte, sur les flancs de laquelle Allemont et Oz sont mollement étalés. Ce petit coin de montagnes qui confine aux glaciers des Grandes-Rousses, à ceux de Belledonne et aux monts de la Maurienne est le site minéralogique le plus curieux de France. Là, sur un étroit espace, on rencontre presque tous les minerais connus : l'or (peu abondant), l'argent, le nickel, le cobalt, l'antimoine, le cuivre, le mercure, le zinc ; nulle part une telle association de métaux n'a été signalée ; l'Oisans, du reste, offre partout des minerais précieux : à l'extrémité de sa plaine on a découvert le gisement d'or de la Gardette, que l'on crut un instant un véritable *placer*.

L'entrée de la vallée d'Oisans s'appelle les Sables, sans doute par suite de l'accumulation des matériaux les plus ténus à l'endroit où les eaux du bassin d'Allemont se déversaient dans le lac Saint-Laurent. La route, très droite, présente un aspect assez rare dans ces montagnes. Pendant plus d'une lieue, elle est bordée de maisons séparées par des champs et entourées d'arbres : bouleaux, frênes ou peupliers. Si l'on consent à ne pas lever les yeux, on pourrait se croire dans quelque partie reculée des marais vendéens ou des watergangs de Saint-Omer ; mais la vue des rocs immenses, celle, plus lointaine, des éblouissants glaciers des Grandes-Rousses rappellent vite à la réalité. Jadis, cependant, la vallée semblait monotone ; aujourd'hui, la locomotive conduit rapidement au Bourg-d'Oisans, la gare est à l'entrée même de la ville. C'est une surprise, cette petite cité : on s'attendait à trouver un bourg de montagne aux rues étroites, noires et sales, et l'on rencontre une riante villette propre et vivante, où les hôtels sont confortables. Pour lui donner plus de charme, la Romanche s'en est écartée, traînant, au pied de la montagne de la Garde, ses eaux souillées par les schistes de la Grave. Une petite rivière, la Rive, traverse le Bourg-d'Oisans pour aller se jeter dans la Romanche ; c'est une des plus claires et des plus belles qu'on puisse voir ; elle naît d'une forte source non loin de la ville. Grâce à la voie ferrée, le Bourg-d'Oisans est en passe de devenir un des centres de séjour estival les plus fréquentés. Les environs immédiats sont charmants. Villard-Reculas, qu'arrose un des plus anciens canaux d'irrigation de notre pays, dérivé du lac Blanc ; Huez, construit à 1,500 mètres d'altitude au sein de beaux pâturages ; la Garde-Châtelard, qui a établi des damiers de culture sur des pentes en apparence inaccessibles ; tout cet ensemble est très beau.

Maintenant, abandonnons le chemin de fer ; c'est par les grandes voitures d'excursion qu'il faut poursuivre le voyage vers le Briançonnais. La route traverse brusquement la vallée pour franchir la Romanche, contenue entre des digues et réduite à la largeur d'un canal. Le torrent roule un flot rapide et régulier que viennent accroître les eaux pures d'une superbe cascade servant à faire mouvoir une usine de soieries, la dernière que nous rencontrerons dans cette partie des Alpes.

L'Oisans n'est ici qu'un marais où le Vénéon apporte à la Romanche, par plusieurs bras, les eaux pures d'une grande partie des glaciers du Pelvoux. Ce torrent paraît, en réalité, la branche maîtresse du bassin ; sa vallée est la prolongation directe de l'Oisans, où la Romanche arrive obliquement par une gorge grandiose. Le Vénéon conduit à Venose, Saint-Christophe-en-Oisans et la Bérarde, c'est-à-dire au cœur même du superbe massif du Pelvoux ; ce groupe de monts neigeux n'a de rival dans les Alpes que le mont Blanc.

A l'entrée de la vallée du Vénéon commencent les glaciers. L'un d'eux couvre un sommet au pied duquel, très misérable, dominant de 800 mètres la plaine de l'Oisans, est le village de Villard-Eymond. Une partie du triste hameau est encore voisine des neiges.

Entre les deux torrents, un pic majestueux

LA VALLÉE DE L'OISANS

D'après la carte de l'état-major au $\frac{1}{320,000}$.

commande le confluent, c'est Pied-Montot, au-dessous duquel descendent des pelouses superbes et d'immenses bois de sapins. Le site est grandiose, rendu plus saisissant encore par le calme de cette extrémité de la plaine où courent des ruisseaux dans lesquels se jouent les truites. Le petit village des Alberges, entouré de jolies cultures et de beaux noyers, précède le pont Guillerme, construit à l'entrée même de la gorge, en vue de Villard-Eymond et de sa blanche cascade. Aussitôt la Romanche traversée, on aperçoit, encore un instant, le Bourg-d'Oisans étalé au pied de sa montagne et l'on pénètre dans la gorge grandiose que la Romanche suit depuis les glaciers de la Meije.

La route s'élève, par des pentes rapides, dans un site sinistre; les rochers qui la dominent sont hauts, noirs, à peine égayés par quelques broussailles; au fond de l'abîme mugit la Romanche roulant des eaux grises; la route est comme suspendue sur l'abîme; un moment, elle doit traverser le rocher par un tunnel; au-dessus de nos têtes, un autre chemin décrit des lacets sur le flanc des montagnes, il conduit à Mont-de-Lans. Par un de ces contrastes si fréquents dans les Alpes, la route, creusée dans les rochers et les éboulis, débouche tout à coup dans un riant amphithéâtre très vert, où de beaux noyers sont épars dans les prairies : c'est le hameau de la Rivoire, faisant face à un large col gazonné, au delà duquel resplendissent les glaces des Grandes-Rousses.

Ce petit coin de la Rivoire est charmant ; la végétation y est d'une vigueur extrême : tilleuls, érables, frênes, merisiers et noyers couvrent les pentes rapides de l'abîme où mugit la Romanche. Partout des arbres ; au delà de la Rivoire, un joli bois de hêtres descend jusqu'au torrent ; en face, sur les flancs d'une belle montagne, le pittoresque village d'Auris groupe ses chalets à pignons aigus, au-dessus d'un torrent dont les eaux tombent en cascade dans la Romanche.

Et le paysage se fait de nouveau tragique : gorges d'une profondeur immense ; sur les flancs, partout, ruissellent des cascatelles, le torrent est à une profondeur telle qu'à peine peut-on deviner ses eaux ; mais leur murmure monte incessant jusqu'à nous. Pour franchir ce passage rendu dangereux par des éboulements fréquents, il a fallu creuser un tunnel dans lequel s'ouvrent des galeries d'où l'œil plonge sur l'abîme. Ce défilé, appelé Infernet comme tant d'autres points de ces montagnes, est un des plus remarquables des Alpes ; de tous temps il eut un rôle considérable : la voie romaine le traversait 150 mètres au-dessus de la route actuelle. Sur cette voie on remarque encore la fameuse porte d'Annibal, appelée aussi Porte-Vieille ou Porte-Romaine ; les savants ne sont pas d'accord sur sa destination ; les uns y voient un arc de triomphe, d'autres une porte fortifiée destinée à fermer l'accès de l'Oisans. Un peu au delà du tunnel, la vallée offre un petit plan de prairies, un village s'est formé sur la route, village d'auberges et de boutiques dépendant de la commune de Fresney, dont l'église est plus haut, sur une montagne de la rive droite. En face, sur un autre rocher, sont l'église et le chalet de Mizoën. La Romanche, tout à l'heure si profonde, est ici à hauteur de la route, elle coule sous des arbres très verts. Malgré les grands éboulis de la Croix-de-Cassini, le paysage est charmant ; de la Romanche à l'église de Fresney ce n'est qu'une forêt de noyers ; sur l'autre versant sont des sapins, des bouleaux et des frênes.

La Romanche, contenue dans un lit large à peine de trois à quatre mètres, s'agite furieuse, moins furieuse cependant que le torrent de Ferrand, arrivé par une gorge profonde. La route traverse un joli tunnel au pied de Mizoën, dont la belle église commande le défilé. Au delà du souterrain, apparaissent les mélèzes, mais les montagnes sont enlaidies par de très primitives exploitations d'ardoises, creusées jusqu'au sommet. La gorge est redevenue vallée, la route y circule plus à l'aise ; traversant le misérable hameau du Dauphin, aux maisons armées de lourds barreaux de fer ; elle franchit le torrent sur un pont dans lequel est encastrée une borne avec un dauphin sculpté ; une inscription fait connaître l'altitude, exactement de 1,000 mètres. Jadis, le chemin continuait sur la rive gauche de la Romanche ; il a été reporté sur la rive droite pour le plus grand charme du voyageur, qui, désormais, verra défiler devant lui le front des glaciers.

On ne les aperçoit pas tout d'abord, ils sont portés par de gigantesques rochers, d'où leurs eaux tombent d'une telle hauteur qu'elles ne peuvent atteindre le sol et sont dispersées en nuages par les vents.

Près de la route, sur la rive droite, descend une autre cascade, venue des chalets de Voyron ; elle glisse en filets blancs et en vapeurs d'un effet magique sur les flancs d'un énorme rocher d'ardoise. La route traverse ensuite d'immenses éboulis près desquels on ne voit pas sans étonnement monter un câble aérien jusqu'à des parois en apparence inaccessibles. Ce câble dessert une carrière de talc, autrement dit craie de Briançon, dont les tailleurs se servent pour dessiner sur le drap la coupe des vêtements et dont certains industriels, connaissant les facultés foisonnantes du talc, frelatent le savon. Là, au sein d'un chaos gigantesque de montagnes dont la Roche-Mantel est la pyramide la plus élevée (3,052 mètres), est la ligne de séparation entre l'Isère et les Hautes-Alpes.

Le paysage change tout à coup. Un immense pic, haut de 3,258 mètres, appelé la pointe de Muretouse, s'élance dans les airs; au-dessous de lui, surplombant la vallée, se dressent de hautes murailles blanches aux reflets azurés, des éboulis éblouissants d'où un torrent s'élance en cascade, c'est le glacier du Mont-de-Lans, un des plus vastes du Dauphiné. A ses pieds, dans les arbres, est l'ancien hospice de l'Oche, qui servait jadis à abriter les voyageurs pendant les tourmentes de neige, et le hameau des Balmes. Oh! le bizarre hameau, dont les maisons sont collées contre des roches descendues de la montagne et qui en forment parfois les murailles, véritables tanières couvertes d'immenses dalles d'ardoise. Entre les blocs, de petits espaces ont été transformés en prairies et en champs; il est peu de coins plus misérables dans les Alpes; cependant les habitants des Balmes sont d'apparence robuste et les enfants, qui courent après la diligence pour vendre des *plumasses*, sorte de graminée très légère ressemblant à des plumes, ont une mine florissante.

Un autre glacier apparaît, il est d'un bleu exquis ; dans les parois de l'énorme falaise azurée, haute de plus de 50 mètres, s'est creusé un porche colossal, véritable grotte de glace où les habitants ne craignent pas de s'aventurer pour aller chercher des échantillons de cristal de roche, amenés par la marche insensible des glaciers.

Ce glacier de la Girose a fort mauvaise réputation : tourmenté et crevassé, il est de difficile accès, de toutes parts il en tombe des cascades abondantes ; en face, d'autres chutes descendent d'un plateau de pâturages, très froid, étalé à 2,500 mètres d'altitude, criblé de petits lacs et portant le nom évidemment ironique de plateau de Paris.

La gorge est solitaire, mais les richesses minéralogiques des monts ont fait naître quelques constructions, un moulin mû par les eaux de la Romanche triture le minerai de baryte qu'un immense câble va chercher presque au pied du glacier. En face, sont les grands bâtiments d'une mine de plomb, aujourd'hui abandonnée, et dont les galeries s'ouvrent à différentes hauteurs dans les flancs du plateau de Paris. La difficulté du transport a sans doute enrayé l'exploitation; toute cette région gagnerait au prolongement de la voie ferrée, qui pourrait mettre en valeur les richesses considérables de ces hautes vallées, encore imparfaitement connues.

A mesure qu'on avance, les glaciers se montrent plus nettement; dominant le pauvre hameau des Fréaux, voici le glacier de Tabuchet, qui se relie au pic de la Meije. La Meije apparaît, d'ici, dans toute sa magnificence, dressant sa tête aiguë à 3,980 mètres, bien au-dessus des hautes cimes voisines. Aux Fréaux, sur le bord même de la route, tombe une des plus belles cascades de la vallée. Le torrent qui l'alimente vient du col de Rachas, dans les Grandes-Rousses, mais les eaux ont parcouru des roches schisteuses d'un noir d'encre. Le matin, les sources seules le remplissent, les eaux sont claires; à mesure que le soleil monte sur l'horizon, les neiges et les glaciers fondent, leurs eaux ravinent les flancs noirs des montagnes et en prennent les teintes. Au moment où la cascade est particulièrement abondante, elle se souille de plus en plus. C'est dommage, le torrent est un des plus gros de ces monts.

La vallée s'ombellit; les mélèzes, devenus plus nombreux, montent jusqu'à la limite des neiges et des glaces. Le glacier de la Meije présente à son front des teintes bleues d'une délicatesse infinie ; sous le manteau neigeux de la surface, elles apparaissent encore plus douces.

En vue de ce décor superbe, sur une motte dominant de haut la Romanche, voici le bourg de la Grave, au-dessus duquel s'élève le pic aigu des Trois-Évêchés, une des cimes les plus fières du Briançonnais.

La Grave descend peu à peu de sa motte sur la route, où se sont construits les hôtels, hôtels propres, vastes et confortables, bien faits pour surprendre ceux qui ont parcouru ces pays il y a quelques années. C'est de la Grave qu'il faut partir pour les excursions dans les monts du Pelvoux, le Galibier et les hautes montagnes de la frontière.

Les voies ferrées du Dauphiné ne permettent pas seulement d'arriver rapidement au cœur du massif du Pelvoux par les vallées du Vénéon et de la Romanche, il faudra encore passer là si l'on veut accomplir, autour du grand massif, un voyage circulaire dont on emportera une impression profonde, en allant rejoindre à Briançon le chemin de fer de la Méditerranée pour rentrer à Grenoble par la Vallouise, Embrun, Gap, le col de la Croix-Haute, le mont Aiguille et Vif. La route du Lautaret est parcourue par un service de voitures d'excursions qui rend facile un tel voyage.

Cette route commence d'une façon héroïque. Jadis, elle suivait les flancs d'une montagne d'ardoise qui s'éboulait sans cesse. On a abandonné ce passage périlleux. A la sortie même du bourg, un premier tunnel abrite des éboulis et va s'ouvrir sur le torrent de Morian dont on franchit les eaux grises sur un pont très élevé. Presque aussitôt après, un nouveau tunnel, long de 700 mètres, éclairé par de nombreuses lampes, troue un autre éperon schisteux, complètement dénudé et d'un aspect sinistre. Au delà du tunnel, apparaît soudain, sur une terrasse dominant la Romanche, ici très limpide, le village de Villard-d'Arène, bâti à 1,651 mètres d'altitude. De maigres champs de seigle et de belles prairies l'entourent.

Le tunnel est très frais ; aussi les habitants ont-ils imaginé d'en faire une véritable cave pour leurs beurres et leurs fromages. Le soir, on y dépose ces produits ; au milieu de la nuit, la voiture qui fait le service du courrier les prend et les transporte à Briançon, chez les marchands. Au retour, le conducteur de la voiture rapporte le prix de la vente aux cultivateurs.

Voilà un procédé commercial bien primitif mais bien commode aussi !

Quand on a dépassé le tunnel et sa colline grise, d'où les nombreux éboulements d'ardoise soulèvent des flots de poussière, l'aspect du pays change brusquement. Aux roches pelées succèdent des bois et des prés. La Grave, que l'on domine désormais, apparaît sous un aspect moins sévère, grâce au beau plateau de prairies et de cultures qui s'élève au-dessus du bourg. Au printemps, c'est une immense étendue de seigles qui ondulent, entourant des hameaux et des chalets d'aspect misérable, car aucun arbre ne les abrite. La plupart de ces hameaux : les Terrasses, Ventelon, les Hières, Pramélier, Rivet, se serrent autour de chapelles aussi pauvres qu'eux. Mais la teinte brune de ces constructions, leurs balcons et leurs pignons aigus sont d'un certain effet dans cette âpre nature.

Plus sauvage encore apparaît l'immense plateau de Paris, étalé au pied des contreforts des Grandes-Rousses.

La route, après avoir dépassé Villard-d'Arène dont on voit les pauvres toitures en contre-bas, monte entre de beaux pâturages émaillés de fleurs éclatantes. A mesure qu'on s'élève, le paysage devient plus grandiose, la vallée de la Romanche jusqu'alors suivie s'éloigne vers le sud. Le torrent descend d'une gorge profonde où il erre sur un lit de graviers. Au fond de la gorge, à deux kilomètres et demi de la source, s'élance, d'un jet, une des plus belles montagnes du Pelvoux, l'Alp-des-Agneaux, dressant sa pyramide triomphale au milieu d'un chaos de rochers, de neiges et de glaciers.

Les derniers groupes d'habitations sont à l'entrée du couloir d'où sort la Romanche, ce sont les hameaux du Pied-du-Col et d'Arsines, construits sur des éboulis complantés de bouleaux dont le feuillage grêle, agité par le vent, anime seul cette solitude profonde. Une montagne puissante, de fier aspect, dresse sa tête de granit, par delà d'immenses champs de neige, c'est le pic Gaspard, presque inaccessible.

La route monte toujours par les prés émaillés de narcisses, de myosotis, de renoncules et d'anémones aux couleurs éclatantes. La vaste nappe herbeuse s'étend jusqu'au col du Lautaret, à 2,075 mètres au-dessus de la mer. Là est un refuge d'hiver pour les voyageurs surpris par les neiges. En été, le refuge devient un hôtel pour les touristes, fort bien tenu. C'est une des stations les plus vivifiantes des Alpes. On est au milieu d'un cirque de montagnes immenses : les Trois-Évêchés, le Galibier, le Thabor font face aux étincelantes cimes neigeuses du Pelvoux.

Au delà de l'hospice vient aboutir la route de la Maurienne qui, partant de Saint-Michel, traverse la belle vallée de Valloire et troue, par un tunnel, à 2,550 mètres d'altitude (100 mètres au-dessous du col) le col du Galibier. Cette traversée des Alpes, entre le Briançonnais et la Maurienne, est une des plus belles courses qu'on puisse accomplir en Dauphiné. Les touristes venus par Vizille et le Bourg-d'Oisans peuvent rentrer à Grenoble par la Maurienne et le Graisivaudan[1].

---

1. Dans la 10ᵉ série du *Voyage en France*, en partie consacrée au Briançonnais, je raconte ma traversée, fort mouvementée, du Galibier.

X

EN GRAISIVAUDAN

Le plus beau jardin du tant beau pays de France. — Domène. — La houille blanche. — Paysage du Graisivaudan. — Lancey, son torrent et ses usines. — Le château du Boys, Dupanloup et Gambetta. — Le château de Tencin. — De Goncelin à Allevard.

Allevard, juin.

Les voyageurs qui ont accompli pendant le jour le trajet de Grenoble à Chambéry par le chemin de fer ont gardé une éblouissante vision de ce rapide passage. Ces superbes montagnes, ici sévères, formées de hautes murailles de calcaire roussi par les siècles, en bas vertes et fraîches, plus haut blanches des neiges éternelles, la splendeur de la végétation, la pureté du ciel ne s'oublieront jamais. Si, un jour, lisant les mots prêtés à nos rois, les touristes trouvent celui de Louis XII : « C'est vraiment le plus beau jardin du tant beau pays de France », ils penseront que le bon roi était un homme de goût.

Mais ce n'est pas ainsi qu'il faut visiter le

Graisivaudan ; on doit s'en aller à pied, par la grande route de la rive gauche, traverser les champs, pénétrer dans les combes et, si l'on n'a pas le temps de faire de l'alpinisme en tentant l'ascension de Belledonne, se contenter de la merveilleuse vue des premières terrasses de la chaîne sur l'admirable massif. Parvenu à Pontcharra, il faut traverser la vallée et revenir par la base des grands escarpements de la Chartreuse.

J'ai fait cette course en deux jours à partir de Domène, où m'a laissé le chemin de fer, et je reviens émerveillé, moins encore des lignes du paysage que de la fertilité inouïe de cette large et lumineuse vallée. En vain on voudrait ne contempler que le grandiose panorama, on est sans cesse attiré par la variété et la splendeur de la végétation.

Jusqu'à Domène, c'était encore la banlieue de Grenoble, les villas et les maisons de campagne sont nombreuses, les cultures sont un peu du jardinage. Avec Domène on entre dans un monde nouveau. Chaque petite ville, chaque bourg, chaque village forme un curieux ensemble de maisons ouvrières et de fermes, d'usines et de guinguettes. Tous ces petits centres ont eu pour origine un château créé à l'issue d'une des vallées qui ouvrent un chemin vers le massif de Belledonne.

La féodalité a disparu, beaucoup des châteaux sont ruinés, mais les eaux descendues des neiges éternelles ont remplacé l'importance militaire d'autrefois par leur rôle industriel. Précieusement captées, parfois dès leur origine dans les solitudes de Belledonne, elles actionnent, à leur arrivée dans la grande vallée, une foule de florissantes industries. Ces eaux, intarissables puisqu'elles sont fournies par les neiges et les glaciers, ont un nom particulier chez les industriels du Graisivaudan : la *houille blanche*. La définition est heureuse. Les usines qui utilisent sa force motrice font vivre des centaines d'ouvriers à l'issue des vallées latérales. Ce travail, la ganterie, qui occupe presque toutes les femmes, la terre généreuse et féconde sont la cause de l'aisance qui frappe le voyageur.

Domène est plutôt un gros bourg largement étalé qu'une ville. La combe de Revel y débouche par une étroite issue, les eaux du Doménon font mouvoir les machines d'une papeterie et d'une scierie. Mais déjà, cinq kilomètres plus haut, le torrent a travaillé. Descendu des lacs de la Grande-Voudène ou Doménon, il se précipite dans la gorge; au-dessous du village de Revel, à la Force, on l'utilise pour faire mouvoir des dynamos qui produisent un courant électrique envoyé au Montier, près de la gare de Domêne. L'électricité, produite par une chute de 3,000 chevaux, se gaspille un peu en route, un tiers à peu près disparaît, mais 2,000 chevaux sont encore utilisables, et, pour les produire, il n'a pas coûté autre chose que l'eau du torrent.

Les papeteries de Domêne emploient surtout de la pâte de bois, obtenue sur place par le traitement des sapins qui forment d'immenses futaies dans tout le massif de Belledonne. Une chute artificielle de 200 mètres fournit la force motrice à une usine qui réduit en pâte les arbres de la forêt. Il y a donc là un centre industriel fort intéressant et très vivant, grâce aux inépuisables réservoirs des neiges et des lacs de Belledonne.

Au delà de Domêne, le paysage se fait plus exclusivement agricole, mais l'aspect ne ressemble à rien de ce que l'on voit ailleurs. Toutes les cultures se mêlent, chaque propriétaire a résolu le problème d'obtenir en abondance, sur un domaine étroit, tout ce qui est nécessaire à la vie. Les vignes sont rangées en hautains, elles grimpent aux érables et aux arbres fruitiers ; entre leurs lignes croissent d'opulentes moissons, des pommes de terre, du tabac, du maïs, du blé noir, de la luzerne, du chanvre ; mais le Dauphiné voit chaque jour disparaître cette dernière culture qui l'avait enrichi[1]; des haricots, des légumes en abondance. Au milieu de toutes ces richesses sont des fermes plantureuses, entourées de vergers où les cerisiers et les pommiers dominent, mais où le figuier, le mûrier, l'amandier, le poirier, le néflier, le cognassier et le noyer sont également nombreux.

Voici pour la plaine, les pentes ne sont pas moins luxuriantes. D'un vert très sombre du côté de Belledonne, où les bois et les prairies dominent, elles sont plus joyeuses sur les pentes de la Grande-Chartreuse. De ce côté les vignes abondent, les villages sont plus nombreux aussi. Les vignerons ont couvert les terrasses de la montagne de milliers de demeures blanches et gaies. Le phylloxéra, il est vrai, a fait beaucoup de mal, nous sommes loin du temps où les paysans du Graisivaudan disaient avec orgueil que s'ils ouvraient tous à la fois les robinets de leurs futailles, ils submergeraient Grenoble jusqu'à la Bastille !

Au-dessus des vignes surgit, formidable par ses escarpements et ses puissantes assises, le mont Saint-Eynard, couronné par les lignes rigides de

---

[1]. Voir, sur la culture du chanvre, 1ʳᵉ série du *Voyage en France*, page 294.

son fort; au-dessous de la grande falaise, des bois, puis une longue chaîne de villages, Corenc, Meylan, Biviers, Saint-Ismier, d'apparence heureuse, avec leurs jeunes plantations de mûriers, leurs champs de tabac et les vignobles reconstitués.

On marche dans un enchantement au sein de cette resplendissante nature. Là-bas, voici surgir la Dent-de-Crolles, de si formidable aspect, surplombant la haute et belle terrasse où Saint-Pancrasse, Saint-Hilaire, Saint-Bernard étalent leurs maisons dans de belles campagnes alpestres, encore très fertiles à 800 ou 1,000 mètres d'altitude. La falaise qui supporte le plateau est coupée par une fissure profonde, une cascade en tombe, dont le sillon blanc se distingue à distance comme un mouvant ruban de dentelle d'argent.

La campagne cesse tout à coup. On pénètre dans une bourgade d'apparence prospère dominée par les constructions énormes d'une usine. C'est Lancey, simple hameau de la commune de Villars-Bonnot, mais plus peuplé que le chef-lieu de la commune.

L'industrie a fait naître Lancey; le torrent qui débouche dans la plaine pour atteindre aussitôt l'Isère est capté pour le service d'une des plus grandes usines du Dauphiné, une papeterie dans laquelle les sapins des forêts de Belledonne sont traités pour fournir la pâte nécessaire aux machines. Mais le torrent de la « Combe de Lancey », c'est-à-dire de l'étroite et profonde vallée, était d'un débit fort irrégulier. Très abondant en été, quand les chaleurs font fondre les névés de Belledonne, il était réduit à un faible étiage pendant l'hiver, alors que les neiges ne fondent pas et que les petits lacs d'où viennent les eaux sont profondément gelés. On a donc été amené à régulariser ce débit en surélevant le plan d'eau du lac inférieur, le lac du *Crozet*.

Le torrent prend naissance au pied même de la chaîne principale de Belledonne, à peu de distance du pic de ce nom, dans une haute et froide vallée où des lacs s'étalent à 2,400 mètres d'altitude, ce sont le grand et le petit Domènon. Par un phénomène bien rare, le cours d'eau frémissant échappé des lacs s'ouvre deux chemins : tandis qu'un bras descend au sud pour former le torrent du Domènon avec les émissaires des lacs Merlat, Claret, Longet, David et Robert, l'autre descend de chute en chute pendant un millier de mètres à peine jusqu'au lac du Crozet, à 1,968 mètres.

L'issue de ce dernier lac est fort étroite, il a donc été facile de surélever le barrage naturel ; déjà on a augmenté de 7 mètres la hauteur du plan d'eau, on compte atteindre 10 mètres. De 36ᵐ,70 on arrivera ainsi à une profondeur de près de 47 mètres. Ce lac ayant 500 mètres de lon-

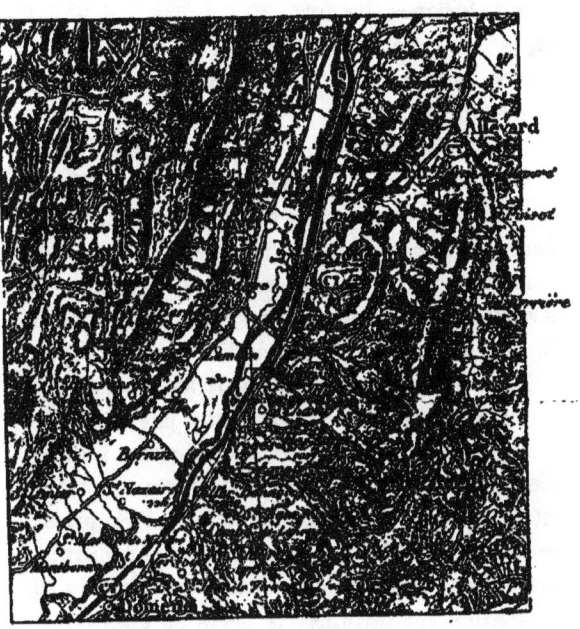

gueur sur 200 de largeur, on voit que la « houille blanche » de Belledonne peut emmagasiner une quantité d'eau, c'est-à-dire de force motrice, très considérable. Une dalle glacée fort épaisse recouvrant le lac pendant une grande partie de l'année, la prise d'eau se fait en syphon. Désormais régulièrement alimenté, le torrent descend, pendant cinq kilomètres, jusqu'au mas Julien, où il est capté dans une « chambre d'eau », et plonge à l'usine par une conduite en fer donnant une chute de 490 mètres.

Là ne s'est pas bornée la prise de force pour l'usine de Lancey; un autre lac, le lac Blanc, séparé du Crozet par la chaîne de la Grande-Lance, recevant les eaux d'un bassin plus étendu, plus riche en glaciers et en névés, alimente un torrent plus abondant et plus régulier que celui de Lancey, c'est le torrent de Vors; on l'a capté, puis, par une conduite en ciment longue de 3 kilomètres, ayant son origine dans une chambre d'eau, on a amené les eaux sur le versant de la combe de Lancey à un autre réservoir situé à la même hauteur de chute que la première prise; de là, une conduite forcée amène l'eau à l'usine. Cette chute de 490 mètres donne une force de 46 à 47 kilos aux turbines, la perte de charge est seulement de 20 mètres. La force totale est de 3,000 chevaux.

Les constructeurs ont des visées plus grandes encore : on rêve d'amener les eaux du lac du Crozet au mas Julien par une conduite donnant une chute de plus de 1,700 mètres ; les turbines mues par cette force prodigieuse produiraient de l'énergie électrique servant à éclairer tous les bourgs et villages de la vallée et pouvant faire mouvoir de nombreuses machines.

Telle serait, pour un seul torrent, l'œuvre de la houille blanche accumulée chaque hiver sur les hauts sommets de la chaîne de Belledonne. Et il y a vingt autres cours d'eau non moins puissants sur ce seul versant. C'est dire à quel avenir industriel est appelé le Graisivaudan. Les houillères s'épuisent et deviennent insuffisantes, mais la neige revient chaque année sur les Alpes et l'industrie électrique, encore dans l'enfance, trouvera là une source intarissable de force.

Ce merveilleux avenir, réservé par la houille blanche aux montagnes dont les cimes sont couvertes de neiges éternelles, méritait d'être signalé, c'est pourquoi je me suis longuement étendu sur les beaux travaux entrepris par M. Bergès pour donner à sa puissante usine de Lancey la force nécessaire au sciage et au triturage des sapins, dont 1,800 mètres cubes par mois sont ainsi broyés. D'autres machines, toujours grâce à la « houille blanche » de Belledonne, sont mues, sans transmissions, par la force hydraulique et transforment les sapins en beau papier blanc ou coloré.

Au-dessus de l'usine, sur une belle croupe verdoyante, le château du Boys commande le paysage ; là, vint mourir, le 11 octobre 1878, l'éloquent et fougueux évêque d'Orléans, Mᵍʳ Dupanloup. La veille, Gambetta était venu dans la vallée, il avait passé quelques heures au Sappey et gravi le Saint-Eynard pour admirer le panorama superbe des Alpes dauphinoises. C'est au moment où le grand adversaire du prélat se trouvait là-haut, voyant au-dessous de lui le château du Boys, que la crise à laquelle Mᵍʳ Dupanloup devait succomber se produisit.

Les châteaux sont nombreux, d'ailleurs, en cette riante région où la noblesse dauphinoise du siècle dernier se plaisait à construire ses demeures d'agrément.

La chaîne tombe régulière sur la plaine, coupée d'une façon presque rythmique par les combes creusées par les torrents descendus de Belledonne. Chacune de ces ouvertures a son usine alimentée par le torrent et qui a déplacé le centre agissant de la commune. Ainsi Brignoud, qui appartient à deux communes, mais sans être un chef-lieu, est un assez gros bourg vivant par une papeterie considérable. Le torrent de Laval, capté à 160 mètres plus haut, fournit la force motrice à l'usine, disposée en gradins comme celle des

Gorges à Voiron[1]. On s'est borné jusqu'ici à ce captage des eaux coulant dans la gorge profonde. Le torrent a bien pour origine le lac Crop ou Cros, mais les eaux, au lieu de se déverser par le bord, suivent un chenal souterrain. On ne saurait donc transformer ce petit lac en réservoir comme on l'a fait pour les autres lacs de Belledonne. Peut-être parviendra-t-on à créer un lac plus étanche et plus vaste en construisant un barrage qui augmenterait fort le rendement industriel du torrent de Laval déjà considérable, puisqu'il fait mouvoir plusieurs moulins, pressoirs et scieries, outre la papeterie et le haut fourneau.

A trois quarts de lieue plus loin, au village de Froges, un autre torrent descendu, lui aussi, du massif de Belledonne, fait mouvoir les machines d'une manufacture d'aluminium. Là encore, grâce à l'énorme déclivité du cours d'eau, il a été possible d'amener au-dessus de l'usine une masse dont la chute atteint 200 mètres et produit une force de 2,000 chevaux. Avant cette chute, le torrent a fait mouvoir plusieurs petites usines au-dessous du village des Adrets, qui évoque de si tragiques souvenirs par le nom d'un de ses seigneurs, le baron des Adrets, que sa férocité dans

---

1. Voir page 38.

les guerres civiles de la Ligue a rendu célèbre. Il reste quelques débris du château.

Un autre château du Graisivaudan, celui de Tencin, de fort noble aspect est au-dessus de cette riche campagne couverte de vignes et de mûriers. Superbe demeure qu'ennoblit encore un parc, arrosé par de belles eaux tombant en puissante cascade. Il a été construit au siècle dernier par un marquis de Monteynard, dont les descendants le possèdent toujours, à la place du manoir féodal où vécut Mme de Tencin, mère de d'Alembert, dont le nom reste attaché au Graisivaudan; c'est du couvent de Montfleury, près de Grenoble, qu'elle s'enfuit pour commencer sa vie aventureuse.

Le paysage, autour de Tencin, est un des plus beaux du Graisivaudan, en vue de la chaîne principale de la Grande-Chartreuse et de la superbe terrasse de Saint-Bernard d'où s'épanchent d'étincelantes cascades. Sur la rive gauche, chaque combe offre comme perspective les éblouissantes cimes de Belledonne.

Un train allait passer pour Chambéry, je l'ai pris à Tencin et suis descendu à Goncelin, gros bourg sans intérêt, aux maisons grises bordant d'étroites ruelles dévalant au flanc de la montagne.

Goncelin est encore aujourd'hui animé par son rôle de gare pour Allevard, bientôt le tramway à vapeur de Pontcharra lui enlèvera cet élément d'activité[1], mais, pour les vrais touristes, ce sera toujours un des points de départ pour la visite de la haute et alpestre vallée du Bréda.

Dès la sortie de Goncelin, on domine le cours de l'Isère. On monte au flanc de belles montagnes par les vignes et les prés et, peu à peu, le Graisivaudan apparaît dans son ampleur, avec son infinie variété de cultures divisées par les vignes. Les noyers font comme une forêt dans ces campagnes plantureuses au milieu desquelles l'Isère trace un sillon étincelant. Sur l'autre rive, dominés par les bois, les terrasses et les escarpements de l'Aup-du-Seuil et de l'Alpette, les villages aux toits rouges et les villas se succèdent. Au fond de la vallée, vers Chambéry, se dressent les monts de Savoie en avant desquels est fichée la Dent-de-Nivolet. Au sud, apparaissent d'autres cimes décharnées, mais de bien fière allure, ce sont les monts du Villard-de-Lans. L'ensemble est d'une grandeur et d'une beauté sans pareilles.

La route pénètre maintenant dans un vallon et le Graisivaudan disparaît. On est dans un repli

---

1. Ce tramway fonctionne aujourd'hui (1896).

très frais, très riant, où les maisons sont rares. Le premier hameau rencontré s'appelle les Perrins. Bien abrité des vents du nord, il possède des magnaneries dans la plupart de ses maisons ; en ce moment, on travaille activement à soigner les vers à soie, on apporte des tiges desséchées de colza destinées à remplacer la bruyère pour la montée des vers ; déjà, par les fenêtres, on aperçoit des cocons suspendus aux ramilles.

Le hameau est entouré de noyers vigoureux ; plus haut, les pentes se couvrent de châtaigniers, plus haut encore apparaissent les sapins. Les hameaux, les fermes éparses, les chalets dépendent de la commune de Morêtel, formée de tous ces lieux épars, sans aucun bourg pour servir de centre. Jadis il y eut un château seigneurial, forteresse fameuse, dont il reste de vieilles et pittoresques bâtisses.

Le paysage se fait plus âpre ; il a fallu soutenir la route par des murs au-dessus de la gorge étroite où mugit le torrent du Fay. Sur l'autre rive passe un train descendant un long convoi de minerai. C'est le chemin de fer industriel des mines d'Allevard, inutilisable pour les voyageurs à cause des plans inclinés qui le coupent. Chemin de fer et mines appartiennent au Creusot ; chaque année, il en extrait 60,000 tonnes de minerais, envoyés en Saône-et-Loire. Ces minerais, par leur teneur en manganèse, sont d'une qualité supérieure.

Le vallon du Fay s'élargit bientôt et permet de distinguer tous les détails de la montagne ; ce sont des Vosges plus hautes, avec une verdure plus douce, les châtaigniers, les noyers et les hêtres croissent ici à une altitude où ne vivraient que les sapins dans le massif montagneux de Lorraine et d'Alsace.

Par un col insensible, on quitte bientôt le versant de l'Isère pour atteindre celui du Bréda et l'on descend vers Saint-Pierre-d'Allevard. Le village est fort gai, avec les beaux rosiers de ses façades et ses jardins riants. Une tour en ruines, bâtie de pierre rousse et une vieille église romane lui donnent un caractère fort pittoresque. Dans les maisons battent les métiers à tulle travaillant pour Lyon. Le village est habité surtout par une population ouvrière ; sur le territoire de Saint-Pierre sont les mines les plus importantes du bassin d'Allevard. Le chemin de fer, les usines de triage, les plans inclinés conduisant aux galeries donnent à ces abords de la ville thermale un caractère industriel, plus accusé encore par les fumées noires des hauts fourneaux, montant de la gorge étroite du Bréda.

XI

LE PAYS DU GRATIN

Allevard. — Le Bréda. — Route de Ponicharra. — Paysage historique : Saint-Hugues, Bayard et Lesdiguières. — Ruines de Bayard. — Le fort Barraux. — Ponicharra. — La rive gauche de l'Isère. — Retour à Grenoble. — Sassenage et le Furon. — Le gratin dauphinois.

Sassenage, juin.

Les descriptions d'Allevard ont été nombreuses, et l'embarras est grand d'avoir à parler de cette petite ville, aimable, sans doute, propre et vivante, mais, par plus d'un côté encore, gros village de la montagne. Elle a été trop célébrée et vantée pour qu'après tant d'auteurs « de guides » je puisse dire ici les vertus de ses eaux, les attractions de son établissement thermal, le pittoresque de sa promenade du Bout-du-Monde et l'amusante excursion de Brame-Farine, d'où l'on descend sur des traîneaux dévalant par les pâturages. Mais elle mérite le bien qu'on a dit d'elle, c'est à coup sûr la mieux située de toutes les villes d'eaux des Alpes. Si elle ne possède point la vogue d'Aix-les-Bains, si elle ne se mire pas dans un lac, elle l'emporte sur sa voisine par la fraîcheur et l'ampleur du paysage. Nulle part dans les Alpes françaises on ne trouve de montagnes plus vertes, de pâturages plus doux à l'œil et de plus heureux lointains. Son bruyant torrent, malgré l'étroitesse de la gorge, ouvre une fissure régulière dans les monts du premier plan, permettant d'apercevoir l'étincelant glacier du Gleyzin, trônant, superbe, sur la haute chaîne qui sépare la vallée d'Allevard de la Maurienne.

J'ai à peine le temps d'embrasser ce beau panorama de la vallée. Des nuages qui menaçaient depuis longtemps viennent de crever. Sous un déluge je parcours les rues de la ville, soudain devenue déserte. Un moment j'avais eu l'intention d'entreprendre la course des Sept-Laux et de redescendre dans l'Oisans, mais les guides n'osent m'assurer que l'on pourra faire demain cette excursion, la pluie menace et je suis attendu après demain à Grenoble. En vain une accalmie se produit, l'ondée est moins violente ; c'est de la neige là-haut, me dit-on, et nous n'atteindrions pas facilement le col. Il faut être en août pour tenter l'aventure.

Profitant de l'accalmie, je me résigne à rentrer à Grenoble, mais je ferai la route par Pontcharra et coucherai dans un village du Graisivaudan d'où je pourrai demain redescendre à loisir vers la ville.

Pour rejoindre la route, j'ai suivi le Bréda. Il est furieux et bondit dans son lit avec de sourds murmures. Des barrages de moulins et de scieries l'arrêtent un instant et il repart de nouveau entre des maisons déjetées, dont les balcons de bois et les galeries sont aussi pittoresques qu'inconfortables. La rivière, au-dessus de ces masures, semble s'enfuir dans un abîme ; tandis que la route de Pontcharra serpente au-dessus, sur les flancs de Brame-Farine ; un sentier m'y ramène et, désormais, sur ce beau ruban que l'orage vient de laver, je parcours un paysage enchanteur. A partir de la haute tour carrée du Treuil, entourée de beaux arbres, c'est une succession de tableaux d'une grandeur magique. Le chemin se tord aux flancs de la montagne pour contourner les ravins et chaque sinuosité nouvelle offre des aspects nouveaux. Allevard reste toujours le centre du paysage, la petite ville est si bien assise au pied de ses verdoyantes collines, au fond les champs de neige et de glace sont si vastes et éblouissants, les lignes ont tant d'harmonie, que l'on conservera longtemps cette vision.

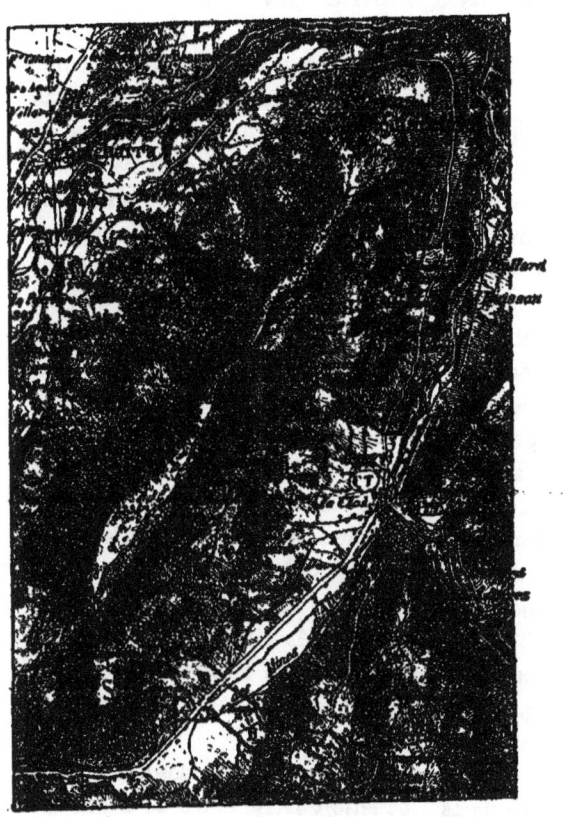

Le paysage devient plus grand à mesure que l'on s'élève. La vallée du Bréda est maintenant très profonde ; le torrent est une ligne d'écume bordé de belles cultures. Entre les montagnes, de larges et vertes vallées s'étendent, remplies de villages. Au fond, voici la Chapelle-du-Bard, dernière commune du Dauphiné ; tous les autres hameaux, autour du gros bourg de la Rochette, sont en Savoie. Un mamelon conique couvert de bois, une singulière arête boisée de forme triangulaire semblent les bornes gigantesques des deux provinces. Au delà un grand pic surgit. Plus loin apparaissent les lignes régulières, bleuies par l'éloignement, de la Dent-du-Chat.

Les maisons sont rares sur la route, les hameaux sont plus haut, au flanc de la montagne, à demi enfouis sous les arbres. Voici cependant le Montaret, petit bourg entouré de beaux noyers et de vignes. Cette végétation surprend à cette altitude de 560 mètres, en vue de ces hautes montagnes neigeuses. Des champs bien cultivés descendent jusqu'au bord de l'abîme où mugit le Bréda, ici rejoint par le torrent de Bens.

A la sortie du village on domine tout à coup la vallée de la Rochette ouverte entre de belles et vertes montagnes. Un joli lac circulaire étincelle au milieu des prairies, au-dessous d'un beau château. Le bourg de la Rochette semble trôner au milieu de ce riant paysage.

Ce n'est qu'une apparition ; la route, toujours solitaire et charmante, traverse maintenant des châtaigneraies majestueuses. La chapelle Saint-Roch est à un grand tournant. Le Bréda, qui se dirigeait vers le Nord, se jette tout à coup, à l'Ouest, dans un profond abîme, creusé sans doute par ses eaux. La route, se tenant toujours à une grande hauteur, suit la direction nouvelle du cours d'eau, mais descend au flanc de la gorge. Les sapins maintenant se mêlent aux châtaigniers, leurs pyramides, dans cette verdure déjà sombre, semblent d'un noir d'encre. Peu à peu les châtaigniers et les sapins font place aux arbres fruitiers entourant de belles maisons. La campagne change d'aspect, sur l'autre rive surtout, autour de la Chapelle-Blanche où l'on retrouve la variété des cultures du Graisivaudan. Les monts s'écartent, les pentes s'adoucissent; voici lumineuse, large, bordée de ses hautes falaises, la grande vallée iserane.

Dans ce panorama grandiose, à cette limite des deux provinces, trois sites historiques arrêtent le regard. Sur un mamelon dominant la plaine, un grand pan de mur est l'unique débris du château où naquit saint Hugues ; sur un autre coteau, des tours basses, sans caractère, reliées par des remparts, arrêtent à peine l'attention. Pourtant ce nid féodal découronné est un des points illustres du Dauphiné, c'est le château de Bayard ; là naquit, en 1473, le chevalier sans peur et sans reproche, Pierre du Terrail de Bayard, la gloire la plus pure du Dauphiné avec Philis de la Tour-du-Pin, l'héroïne qui sauva la province d'une invasion.

Le nom du bon chevalier est ici resté populaire, il incarne le Dauphiné, comme Henri IV incarnait le Béarn. Bayard vécut peu dans son pays natal, ses prouesses eurent d'autres théâtres, à Mézières et en Italie ; mais son rôle éclatant dans les guerres engagées par le roi de France fut pour ainsi dire le gage de l'union du Dauphiné à la grande patrie. Jusqu'à lui notre province, qui avait donné de telles preuves de dévouement à la royauté, gardait encore le souvenir de son autonomie ; le concours de la noblesse dauphinoise dans les guerres d'Italie amena la fusion définitive.

A côté du Dauphiné, donné volontairement au royaume de France par son souverain, d'autres provinces restaient encore, la Bresse, le Bugey, le Valromey, le pays de Gex, la Savoie, terres françaises de langue mais soumises à des princes entreprenants et habiles qui déjà se préparaient aux destinées si hautes qu'ils ont atteintes aujourd'hui. Ces ducs de Savoie, dans leur désir de grandir, cherchaient à profiter de toutes les fautes de la France pour accroître leurs domaines. La Ligue, puis les débuts troublés de Henri IV leur furent une occasion. Mais ils avaient affaire à forte partie. Lesdiguières, devenu un des soutiens de la royauté, leur infligea échecs sur échecs. Petites guerres, petits combats, mais où l'on ne lutta pas avec moins d'ardeur, de courage et de ruse que dans les grandes mêlées.

Ici, vers Pontcharra, dans cette partie du Graisivaudan où la frontière est indécise à travers la vallée, Lesdiguières, par deux fois, empêcha les Savoyards de s'emparer du Dauphiné. Alors la clé de la province était au-dessus de Goncelin, à Morétel, défendu par le château, aujourd'hui ruiné. Un des princes de Savoie, Amédée, aidé par les troupes espagnoles, devait en faire le siège avec 14,000 hommes ; Lesdiguières, malade, accourut à la tête de 7,000 soldats levés en hâte, atteignit l'ennemi près de Pontcharra et le battit à plate couture ; 5,000 Hispano-Savoyards furent tués. Cette action eut un retentissement immense, un historien dauphinois, Expilly, combattant de Pontcharra, en fit le sujet d'une ode que je signale parce qu'elle décrit en quelques mots ce coin de Dauphiné. Il y avait dans l'armée de Lesdiguières :

Ceux de la val d'Oisans conduits par Saint-Laurens
Et ceux du Lautaret, la Grave et Mont-de-Lans,
Où depuis le déluge on voit de vieilles glaces
Et de la neige bleue en monstrueuses masses ;
Ceux du haut Vaujany, battus des aquilons,
Et ceux d'Oulx qui de plomb ont de riches filons.
Suivent le vieux Jordan ; Mézage, qui l'albâtre
Et le brelan nous donne et le marbre et le plâtre ;
Vizille qui le lin si délié produit,
Font deux cents mousquetaires que Jordanet conduit.

Cette énumération à la façon d'Homère et de Virgile montre bien que le Dauphiné tout entier s'était levé pour la défense du pays.

Six années plus tard, en 1597, le duc de Savoie, à qui la leçon n'avait pas profité, imagina de s'installer sur le territoire royal, d'y occuper un mamelon isolé entre l'Isère et le village de Barraux, et d'y construire un fort dominant de 180 mètres le cours de la rivière. Par là il menaçait la rive droite, comme Montmélian menaçait la rive gauche. Le Parlement de Grenoble s'émut, envoya une plainte à Henri IV sur l'inaction de Lesdiguières. Celui-ci répondit : « Le roi a besoin d'une bonne forteresse, le duc de Savoie veut en faire les frais, il faut le laisser faire. »

Et quand le fort eut été achevé, il s'en empara, par escalade, au clair de la lune.

Ces deux noms de Lesdiguières et de Bayard donnent au site de Pontcharra une grandeur épique, aussi fabuleuse, il est vrai, pour nous que la guerre de Troie. La Savoie est désormais française et bien française ; entre elle et le Dauphiné l'entente est complète. D'ailleurs sauf dans les luttes entreprises par l'ambition des ducs de Savoie, les deux petits peuples n'ont jamais oublié leur origine commune, tous deux sont les fils des Allobroges.

Le fort Barraux est encore occupé militairement ; ses remparts, modifiés par Vauban, ont été conservés comme poste intermédiaire entre le débouché des vallées de l'Arc et de la haute Isère et les défenses de Grenoble. Il serait d'une faible résistance d'ailleurs, car il est dominé de tous côtés. Mais il a fière mine par le haut relief de ses murs gris dépassant les glacis. Au-dessus des murailles apparaissent le toit d'une caserne et une chapelle dominés par le sommet de l'Alpette et les formidables escarpements du mont Granier, première grande cime dauphinoise du massif de la Chartreuse. Entre les montagnes et l'Isère, s'éparpillent en hameaux populeux les maisons de la grosse commune de Chapareillan.

Il faut s'arracher cependant à ce paysage historique et superbe. La route descend par de grands lacets entre des groupes de maisons jusqu'à Pontcharra. C'est presque une ville, cette bourgade peuplée de 2,500 âmes, fort active par ses papeteries auxquelles le Bréda donne sa force motrice. Des tisserands font aller la navette, une enseigne naïve m'apprend qu'on fait la « toile de Voiron »; sur le pont est un monument assez cocasse, effrité, délabré, entouré de cailloux lancés par les gamins. C'est une statue équestre de Bayard, en terre cuite ou en plâtre, de petite dimension. Le héros est coiffé d'une tiare, le cheval a perdu la tête, le cavalier n'a qu'un bras. Le piédestal est un socle carré entouré d'un balcon surplombant. Il est vraiment temps d'inaugurer sur le château natal du loyal chevalier la belle statue modelée par le sculpteur Rambaud, ce pauvre artiste enlevé en pleine vigueur et en plein talent.

Le chemin de fer m'a conduit à Goncelin, d'où j'ai gagné le Touvet. Ce matin j'eus à peine le temps de jeter un coup d'œil sur le château de Marcieu, berceau d'une des plus illustres familles de la province, avant de prendre l'omnibus de Grenoble. La campagne graisivaudane, sur cette rive, est plus grasse encore que vers Tencin et Domène. Le soleil y est plus chaud, ses rayons y brillent plus longtemps, les hautes falaises de la Grande-Chartreuse le réverbèrent ardemment, aussi pourrait-on se croire par instant dans une Provence plus exubérante. Le hameau de la Frette conserve, mais bien dénaturés et amoindris, les murs du château où naquit et mourut le farouche baron des Adrets dont la baronnie était en face, dans une des combes de Belledonne.

Peu de variété dans l'aspect du pays, c'est toujours la même végétation puissante, des vignes, des mûriers, des amandiers, des champs de maïs, et la chaîne blanche des Alpes de Belledonne se dressant au-dessus des forêts sombres. De notre côté, presque jusqu'à la route, tombent des cascades venues de la terrasse de Saint-Pancrasse, admirables rubans de dentelle, dans lesquelles se joue le soleil; mais les torrents qui les forment n'ont pas la houille blanche inépuisable des montagnes qui font face; les cascades cessent de couler en été ou deviennent de maigres filets d'eau. La grande industrie n'a donc pu s'établir ici.

Au delà de Crolles on est en plein vignoble ; les villages sont une rue continue où circulent de nombreuses voitures ; chaque commune a son omnibus pour Grenoble. C'est déjà Grenoble par les villas, par l'industrie de la ganterie. On aperçoit au fond les remparts de la Bastille et l'on voit poindre les flèches des églises. Voici Corenc, sur sa colline, puis la Tronche ; on traverse, à grand bruit de grelots, à grands claquements de fouets, des rues étroites. Quelques minutes après me voici sur la place Grenette en pleine foule. Un grand break d'excursion s'emplit, il va à Sassenage ; j'ai encore quelques heures ! — allons donc à Sassenage.

La course n'est pas longue, on suit le cours Berriat, on traverse le Drac et, dans un flot de poussière, les chevaux courant à toute vitesse, la grande machine se rapproche des hauteurs de Fontaine. Le paysage est charmant, mais il perd à être vu après les éblouissements du Graisivaudan. Les montagnes sont belles, curieuses de forme et de couleurs ; les roches, les eaux, la verdure forment un superbe décor ; il y manque les neiges éternelles. Il est vrai qu'en se retournant on voit encore la chaîne de Belledonne étincelante de névés et de glace.

Sassenage est un simple bourg où l'on est la proie des guides. J'ai bien du mal à échapper à leur poursuite, les uns veulent me montrer les cuves, d'autres les gorges du Furon. Je préfère aller seul par le sentier qui remonte le torrent. Sous les grands arbres la promenade est délicieuse. De beaux rochers, des ruines, des ponts rustiques se succèdent; le Furon tombe en cascade, écume sur les roches, tournoie en des abîmes; des cours d'eau à peine moins abondants, semble-t-il, sortent de grottes profondes et mêlent leur fracas à celui du grand torrent. Le soleil est pur aujourd'hui, il donne à ce site heureux une splendeur nouvelle. A l'entrée des grottes, les guides veulent m'entraîner. A quoi bon ! il fait si doux au bord du torrent, le ciel est si bleu, il y a tant de murmures, pourquoi aller courir dans les boyaux froids et visqueux de la montagne ?

Midi sonne en bas. Mais il fait faim ! Et, rapidement, je redescends. J'allais entrer à l'hôtel, quand devant une boutique de boulanger, je vois sortir du four le *gratin* que les ménagères viennent chercher.

Du gratin ! Tous les Dauphinois de Paris me comprendront. Je suis tombé en arrêt devant les plats remplis d'une odorante couche de pommes de terre coupées en rondelles, rissolées, croustillantes, laissant échapper un parfum délicieux. Sur quelques-uns une épaule de mouton repose, elle a donné son parfum au plat en cuisant au-dessus de lui.

Le gratin est le plat national du Dauphiné. Il est succulent et économique aussi. Dans les bourgades industrielles où la femme travaillant à l'atelier ne peut s'occuper entièrement du ménage, elle prépare le gratin avant de partir et le porte chez le boulanger; celui-ci l'enfourne une heure avant le repas; les ouvrières viennent le chercher en sortant de l'atelier et le portent à la maison. A Vizille, notamment, c'est une des scènes les plus curieuses de la rue.

Les boulangers ne font pas seulement cuire le gratin, la plupart en vendent, c'est-à-dire qu'ils sont aubergistes; leur four permet de cuire des gratins, des rôtis de mouton et de porc frais; pendant la saison, ils font des « pognes », immenses tartes au potiron. Mon boulanger de Sassenage ne faisait pas exception. Délaissant l'hôtel, je suis entré chez lui et l'on m'a servi un gratin embaumé, une truite du Furon et du fromage de Sassenage, comparable au Roquefort et ainsi nommé parce que Sassenage n'en fabrique pas, il vient du Villard-de-Lans.

Je n'étais pas seul « gratineur ». D'autres touristes m'ont imité, des Lyonnais et des Parisiens. Ces derniers se sont extasiés sur ce plat. C'est qu'on n'en mange guère à Paris. Les Dauphinois de là-bas ont cependant voulu l'acclimater. Ils ont mis leur dîner fraternel sous le nom respecté du *Gratin*. Le *Gratin dauphinois* tient ses assises au Palais-Royal, il a eu comme président tout ce que Paris compte de Dauphinois ayant « percé ». Il posséda Alphand, le général Février, Bouvard, l'architecte ; c'est aujourd'hui Louis Gallet, le librettiste. Pour mon compte, je ne suis pas médiocrement fier de mon titre de vice-président du *Gratin*.

J'entends d'ici demander la recette de ce plat fameux. Je ne saurais mieux faire que l'emprunter à un de nos *gratineurs* de Paris, Maurice Champavier, qui a condensé le précepte en un sonnet :

Un gratin cuit à point est le régal suprême ;
En pays dauphinois c'est un plat vénéré,
L'aliment familial si souvent savouré,
Mets d'été, mets d'hiver et même de carême !

La recette est facile et simple en est le thème:
Dans un plat peu profond, coupez, à votre gré,
Quelques pommes de terre, et puis, sans rien d'outré,
Ajoutez œufs, sel, ail, beurre et lait riche en crème.

Au vrai, cela suffit pour faire un bon gratin.
Toutefois, quel sera l'artiste assez certain
De son art pour mener à bien l'œuvre modèle.

Choisissez une femme, une femme de goût,
Belle, libre de soin, dauphinoise avant tout
Et, si vous le pouvez, tâchez d'être aimé d'elle,

XII

TOURNON, TAIN ET L'ERMITAGE

Les cordonniers d'Izeaux. — La Bièvre. — La Côte-Saint-André. — Les sources et la plaine de Valloire. — Tain. — Le taurobole. — L'impression des foulards. — Le vignoble de l'Ermitage : grandeur, décadence et résurrection. — Tournon et ses lycées.

Mercurol, juin.

J'avais entrepris de traverser à pied la plaine de Bièvre, mais j'avais compté sans le temps. A Rives, où je suis descendu du train de Grenoble, il pleuvait à verse, cependant, j'ai bravement suivi la grande route, espérant un coup de vent qui chasserait les nuages. Vain espoir, quand je suis arrivé à hauteur d'Izeaux, une pluie lourde et navrante tombait à torrent. Je n'ai pas eu le courage de me rendre à Izeaux où je voulais étudier ce curieux centre de cordonniers, car tout le monde ici, comme à Heyrieux, se livre à la confection de la chaussure. De guerre lasse, j'ai pris le train pour la Côte-Saint-André, la seule ville de la plaine où l'on puisse tuer quelque peu les heures moroses d'une journée perdue.

Sous l'averse, le petit omnibus de la gare a traversé la plaine, que l'on devine verte sous le voile grisâtre des nuées basses. Le temps ne contribuait guère à égayer les rues quelconques de la petite cité qui vit naître Berlioz. Sur son piédestal, l'auteur des *Troyens* semblait profondément s'ennuyer, car Berlioz a sa statue dans la ville où son père l'avait maudit parce qu'il ne voulait point être un parfait notaire comme lui ! A voir la Côte-Saint-André si calme, si vraiment petite ville, on ne s'explique guère l'éclosion de ce fougueux génie en un tel milieu.

Il est vrai, la pluie rendrait morose des centres plus vivants. En réalité, la Côte-Saint-André est, pour toute cette partie du Dauphiné, un véritable lieu de rendez-vous, mais l'éloignement de la station, placée à cinq kilomètres, de l'autre côté de la plaine, a entravé son développement. Elle n'a pas d'industrie bien personnelle; si elle fabrique des liqueurs fameuses, elle n'en produit pas autant que Voiron ; ses fabricants de chapeaux de paille ne font pas un chiffre d'affaires comparable à celui de Saint-Georges-d'Espéranche; elle fait des gants, mais pour le compte de Grenoble. Son importance est due surtout à sa situation au cœur d'une région privée de grandes villes. Son petit séminaire renferme des élèves assez nombreux. Le jour où une ligne ferrée rattachera directement la Côte à Vienne ou à Lyon, elle pourra, malgré l'absence de force motrice naturelle, prendre un plus grand développement.

Adossée à de hautes collines aux flancs tapissés de vignobles, aux crêtes boisées, la Côte regarde au sud la plaine nue, sans arbres autres que de rares bosquets. Sur ces vastes étendues ondulées, pas un village, mais de grosses fermes appelées granges, nom si commun dans les campagnes dauphinoises. Faite de cailloux roulés formant un sol éminemment perméable, la plaine ne possède pas un ruisseau dans ses ravins, pas une source. Mais les pluies abondantes qui s'y abattent souvent ne sont pas perdues. Les eaux coulent souterrainement et vont, plus loin, former des sources superbes vers Beaurepaire et Moras ; les ruisseaux nés de ces sources forment un inextricable réseau et, de nouveau, se perdent dans la plaine de la Valloire sans atteindre le Rhône. Je me promettais de parcourir cette région des sources ; la pluie, aujourd'hui du moins, m'interdit l'excursion.

J'ai dû reprendre le train pour gagner Saint-Rambert-d'Albon et, de là, Tain et Tournon. Jusqu'au soir il a plu, mais ce matin le ciel est pur, un soleil tiède et doux illumine les coteaux de l'Ermitage et, en face, les montagnes du Vivarais. Le quai, planté de beaux platanes, est délicieux, bordé de petites maisons basses fleuries de haricots rouges, de liserons et de « laurelles ». Les grands platanes qui l'ombragent sont déjà du midi par leur ramure puissante et leur feuillage épais. Le fleuve, contenu entre de beaux quais, est ici étroit et roule avec une extrême vitesse sous les deux ponts suspendus reliant Tain à la ville ardéchoise de Tournon.

En dehors de son quai, Tain n'est guère qu'une rue formée par la route nationale de Paris à Antibes, rue fort animée, bordée de platanes ; les magasins sont nombreux. Moins « ville » d'aspect que sa voisine, elle a un mouvement plus considérable, elle le doit à sa gare, située sur la ligne de grand passage entre Paris, Lyon et Marseille ; les trains y sont nombreux et fréquents. Tournon est doté depuis moins longtemps d'une voie ferrée, mais ce chemin de fer de Lyon à Nîmes est loin d'avoir une circulation comparable à celle de la ligne de Marseille ; sauf Givors, il n'y a pas une ville de 10,000 âmes sur son parcours. La rive gauche, au contraire, moins accidentée, présente plusieurs villes populeuses, ce furent même de grandes villes sous la domination romaine.

Tain, une des étapes de la route d'Arles à Vienne et à Lyon, a conservé un monument de cette époque, le *Taurobole*, dont la célébrité est bien faite pour surprendre quiconque le visite sans avoir le frisson archéologique. C'est une pierre de grande dimension, ornée de reliefs encore bien visibles représentant la tête de bélier, la tête de taureau et le couteau de victimaire. Cet autel, élevé en l'honneur de Cybèle, est, avec une colonne milliaire, l'unique monument resté debout de l'antique *Tegna*.

Tain dépend de Lyon par l'industrie ; une des branches les plus intéressantes de la fabrique lyonnaise, l'impression sur foulards, s'y est maintenue et forme, avec les ateliers de Tournon, du Cheylard et de Valence, un groupe assez actif. Une grève terrible, survenue dans les dernières années de l'Empire, a beaucoup réduit l'importance de l'impression en France. Les machines ont remplacé la main de l'homme ; l'étranger, jusqu'alors notre tributaire, a créé des ateliers. Zurich et Elberfeld nous ont enlevé une partie de nos débouchés. Vizille et Bourgoin, notamment, ont perdu leurs importantes manufactures.

Cependant, nos imprimeurs conservent encore la prépondérance par le goût de la fabrique lyonnaise, la supériorité des couleurs et des apprêts et l'habileté de l'ouvrier. Pour imprimer sur étoffe, à la main, il faut une précision et un goût parfaits.

Les procédés n'ont guère varié. L'ouvrier dispose d'une longue table ayant sept ou huit mètres sur une largeur de un mètre environ, recouverte d'une bande de flanelle appelée *doublier*. La pièce de soie est disposée sur un rouleau à une extrémité, on en déroule la longueur de la table sur laquelle on fixe soigneusement l'étoffe vierge. A côté court, sur deux rails, une autre table revêtue d'un *châssis*, tendue d'une pièce de drap sur laquelle un gamin, armé d'une brosse, étend la couleur puisée dans une *gamelle* en terre.

L'imprimeur, lui, a pour outils une *planche* et un lourd *maillet* de fonte. La *planche* est faite de planchettes bien planes, superposées tantôt dans un sens, tantôt dans l'autre, de façon à empêcher l'ensemble de se voiler. Il y a sept ou huit de ces planchettes ayant chacune un centimètre d'épaisseur. Elles sont collées ensemble au moyen d'une colle spéciale faite avec du fromage et pour la confection de laquelle on emploie par milliers les *tomes* ou fromages blancs produits par le lait écrémé. Cette colle a la propriété de ne pouvoir fondre dans l'eau, ce qui permet de laisser tremper les *planches* dans l'eau pour les laver.

La partie supérieure est d'un bois à la fois dur et facile à découper, aux fibres tendres. Des *graveurs sur bois* y tracent au burin les dessins qui doivent être reproduits, mais on emploie beaucoup d'autres procédés : la fonte du plomb, du soufre, etc.

La planche ainsi obtenue est mise en contact avec le châssis, les parties en relief se couvrent de couleur. L'imprimeur la place soigneusement sur la soie en se servant comme points de repère de clous ou *picots* placés aux coins. A grands coups de maillet, il oblige le tissu à s'imprégner de couleur. Naturellement, il faut autant de planches que de couleurs, aussi n'emploie-t-on la main que pour les impressions un peu chères ; une machine, la perrotine, permet de faire plusieurs couleurs à la fois ; de grandes plaques de cuivre gravé, dites *planches plates*, donnent au contraire rapidement les dessins d'une seule teinte à traits multipliés, c'est l'eau-forte appliquée à la soierie.

Cette industrie a donc bien perdu ; la mode, du reste, a depuis longtemps abandonné le foulard imprimé à couleurs voyantes, mais il a encore grand succès au Mexique et dans l'Amérique du Sud ; pour ces pays travaillent les usines de la Drôme, de l'Isère, de l'Ardèche, du Rhône et de la Seine, car Puteaux, Suresnes et Saint-Denis comptent d'assez nombreux imprimeurs sur soie.

L'étoffe, une fois imprimée, présente un bariolage fort cru, il faut la *vaporiser*, c'est-à-dire la soumettre à un bain de vapeur qui fait pénétrer les couleurs dans les pores, un lavage énergique, l'essorage, l'apprêt, le calandrage donnent bientôt aux nuances tout leur éclat et toute leur douceur. Pour cela, il faut des eaux très pures et abondantes, le Rhône, la Saône et leurs affluents sont excellents pour cet usage, ils assurent à Lyon et à sa région un privilège réel pour la teinture et la préparation des soieries.

Si je parle ici d'une industrie plus considérable à Lyon et dans sa banlieue : Villeurbanne, Pierre-Bénite et Neuville, c'est que Tain et Tournon forment un des groupes d'imprimeurs le mieux maintenus. Mais le mouvement commercial amené par l'impression sur étoffes est d'une faible part dans l'activité des deux villes[1]. La vigne a fait

---

1. Tain compte 3,038 habitants, Tournon, 5,286, Saint-Jean-de-Muzols, faubourg de cette dernière, plus d'un millier, soit une population de près de 10,000 habitants agglomérés sur les deux rives du Rhône et du grand torrent ardéchois le Doux.

longtemps leur richesse ; elle reparaît après une longue éclipse.

Les vins du Rhône avaient été plus éprouvés que les autres grands crus de France par le phylloxera. A Côte-Rôtie, à l'Ermitage, à Châteauneuf-du-Pape, la ruine fut complète. J'ai déjà dit comment Côte-Rôtie a été reconstituée [1]. Le problème, à l'Ermitage, n'était guère plus aisé à résoudre ; le vignoble est en pente raide, la terre est rare, elle doit être précieusement contenue par des terrasses. Dans ce sol sans profondeur, les ravages furent rapides, les traitements étaient coûteux ou impossibles, mais la vigne américaine a permis de reconstituer la fortune disparue.

Le vignoble de l'Ermitage est peu étendu, il comprend une zone de deux kilomètres de largeur en tous sens, renfermée dans le grand coude fait par le Rhône en face de l'embouchure du Doux ; le petit ruisseau de la Bouterne à l'est, le ruisseau, plus petit encore, de Crozes au nord délimitent assez bien la partie des vignes qui portent le nom glorieux d'Ermitage. Mais les vins recueillis aux environs, à Crozes, Larnage et Mercurol, sont souvent vendus sous le nom du grand cru.

---

1. Voir 1re série du *Voyage en France*, page 125.

A l'époque où l'Ermitage était dans toute sa splendeur, ses vins étaient classés parmi les plus illustres, « ils allaient de pair avec les premiers crus de la Haute-Bourgogne », disait Abel Hugo. La propriété était alors moins morcelée que de nos jours, l'abrupt coteau, creusé de ravins, dominant de 230 mètres les eaux du Rhône, était divisé en *mas* cultivés par les propriétaires avec ce soin méticuleux qui émerveillait Young il y a cent ans, lorsqu'il visitait nos vignes. La plus grande partie du vignoble est dans les alluvions, ou plutôt dans les cailloux roulés, mais au bord du Rhône le granit affleure. Cette zone granitique est le *mas des Bessas*, le reste est divisé en deux grandes zones : le *mas des Greffieux* et, plus haut, le *mas de Méal*.

Le vignoble, avant le phylloxera, avait 140 hectares. En 1875, la récolte fut abondante, on avait le double de ce qu'on espérait, mais la vigne était déjà atteinte et la qualité laissait à désirer ; en 1876, quantité et qualité diminuèrent, puis le mal s'aggrava et ce fut rapidement la ruine ; cependant on récolta toujours un peu.

En 1881 eurent lieu les premières tentatives de reconstitution, elles donnèrent de bons résultats ; bientôt on entreprit en grand la plantation de vignes américaines sur lesquelles on greffa les sarments recueillis sur de vieilles souches protégées au moyen du sulfure de carbone. Cette vigne a pour origine, dit-on, des plants rapportés de Syrie, en 1225, par un croisé, le chevalier de Steremberg.

On ne s'est pas borné à planter l'ancien vigno-

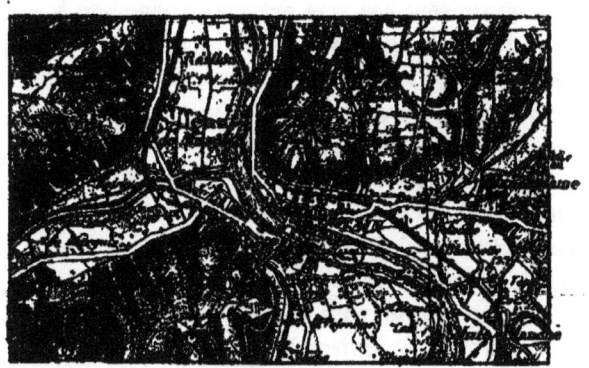

ble, la vigne s'est étendue sur tous les sols où l'on a pu faire des défrichements. Actuellement (1895), la surface de l'Ermitage atteint 350 hectares produisant 2,000 barriques de 200 litres. 40 propriétaires se partagent le vignoble, il y en avait autrefois 7 ou 8 seulement, la division des héritages autant que les plantations nouvelles ont amené cet accroissement.

Les négociants en vins de Tain et de Tournon

achètent les raisins, les égrappent et mettent en cuve pendant 25 ou 30 jours. Pour avoir de bons vins, il faut mélanger les raisins des trois mas, le Méál donne le corps, les Greffieux la finesse, les Bessas le bouquet.

Les vignobles de la région, ceux de Chassis, près de Mercurol, et de Cornas, près de Saint-Péray, produisent des vins presque comparables à ceux de l'Ermitage, mais les plus légers n'ont pas assez de corps ni assez de bouquet, aussi les vignerons ont-ils recours à certains *mas* de l'Ermitage pour remonter leurs produits.

L'excellence des vins de l'Ermitage est due à la situation de ce coteau exposé en plein midi et complètement abrité des vents du nord, parfois terribles dans la vallée. Le climat est fort chaud, j'ai cru apercevoir, dans un pli, deux ou trois oliviers, ce seraient les premiers rencontrés en descendant le fleuve.

Au nord du vignoble, le coteau de Crozes, non moins bien exposé, donne des vins excellents, mais ayant moins de corps et de finesse.

En somme, l'Ermitage est en pleine voie pour retrouver sa grande prospérité; les premiers vins obtenus au moyen de la vigne américaine étaient loin d'avoir le bouquet du cru fameux, chaque année a montré une amélioration nouvelle, le problème est maintenant résolu. Vins rouges et blancs de l'Ermitage, de Crozes, de Chassis ont repris leur place d'honneur.

Mais quel admirable effort! Ce coteau abrupt et ensoleillé n'a pas un coin perdu, pas un arbre, rien que de la vigne; les murs des terrasses, marches gigantesques d'un gigantesque escalier, sont, par place, couvertes d'inscriptions portant le nom de quelques propriétaires. Entre ces murs, des sentiers étroits, avarement tracés pour perdre le moins possible du sol précieux, accessibles seulement à l'homme à pied pour le service du terroir et la vendange, montent jusqu'au sommet de la colline, d'où l'on découvre les deux villes de Tain et de Tournon, le grand ruban du fleuve, les montagnes sévères du Vivarais, les hautes falaises du Vercors et du Royannais et les Alpes blanches.

En descendant du coteau je suis allé à Tournon. La cité ardéchoise n'a pas l'animation et la gaîté déjà méridionale de la bourgade drômoise, mais, on le devine par bien des détails, l'humble sous-préfecture a joué un rôle important à une époque où la vie provinciale était plus active que de nos jours. Sur un rocher dominant le fleuve et troué par la voie ferrée de Nîmes, se dressent les débris d'un château qui fut une puissante forteresse. Il est utilisé un peu à tous les usages ; dans la cour, une bâtisse assez laide sert de palais de justice, la partie féodale, où l'on voit encore quelques détails de la Renaissance échappés au vandalisme administratif, est devenue une prison, d'étroites terrasses remplacent le couronnement des tours, elles ont été transformées en jardinets par les gardiens.

La sous-préfecture occupe un bel hôtel au bord du Rhône, non loin du majestueux édifice où le cardinal de Tournon installa une université fameuse. C'est aujourd'hui le lycée des garçons, il a conservé des traditions qui en font encore un établissement assez fréquenté. Pour profiter de son renom universitaire on a créé, non loin de là, un lycée de filles ; il occupe de vastes et commodes bâtiments au bord du fleuve. Ces deux lycées font, en somme, l'importance de Tournon ; l'industrie, cependant, tend à s'accroître, car la situation des deux villes au bord d'un grand fleuve navigable est excellente. Deux grandes lignes de fer, une autre ligne allant de Tournon, par la vallée du Doux, jusqu'au cœur du Vivarais, une quatrième mettant en relation Tain avec Romans, le grand centre industriel du Bas-Dauphiné, sont autant de causes de prospérité, mais le vignoble de l'Ermitage, surtout, fait la fortune de cette partie de la vallée ; l'exemple donné par sa reconstitution sera fructueux, il prouve que l'on peut transformer une grande partie de ce territoire.

XIII

LE VALENTINOIS

Petites craus dauphinoises. — Valence et ses industries. — La plaine de Valence. — Le canal de la Bourne. — Truffes et mûriers. — Chabeuil. — Dans la plaine. — Romans. — Le Jacquemart. — Au pays des goloches. — Bourg-de-Péage et ses chapeaux. — L'huile de noix.

Romans, juin.

La vallée du Rhône est faite d'incessants contrastes ; après les hardis promontoires tapissés de vignes et d'arbres fruitiers, couronnés de bourgs de fière mine ou de vieux châteaux aux murs croulants, s'ouvrent les vastes plaines caillouteuses, évidents témoins de cataclysmes formidables : lacs dont les barrages ont cédé, déluges glaciaires qui ont formé ces plans d'alluvions semés de galets. Ce sont autant de craus sur lesquelles ont cru des forêts qui ont donné une couche d'humus suffisante pour quelques cultures ; les habitants ont aménagé les eaux, ils ont transformé ainsi en prairies une partie de ces mornes espaces. Cependant le sol est trop peu fertile pour les céréales, trop sec aussi, mais les cultures arbustives ont permis de tirer parti de ces terres pauvres ; la vigne, avant le phylloxera, couvrait de vastes espaces partout où l'exposition le permettait ; le noyer, qui fournit l'huile, ombrage de vastes étendues, le mûrier est plus répandu encore. Le phylloxera, il est vrai, a détruit la plus grande partie du vignoble, la maladie des vers à soie arrêta un moment la culture du mûrier et causa l'arrachage d'arbres nombreux. On a pourtant réagi et l'on a recommencé à couvrir de vignes les côtes qui produisaient jadis des vins fort estimés.

Quelques-unes de ces craus du Dauphiné ont cependant conservé un triste aspect : ainsi, bien morose est la plaine aux abords de l'Isère. Il faudrait là des eaux abondantes pour permettre de tirer parti de ces masses profondes de cailloux enrobés dans des alluvions maigres. Après les sites merveilleux traversés dans le Graisivaudan, l'Isère finit au sein d'un paysage qui serait lugubre sans la clarté du soleil, la limpidité des horizons et le beau cercle des collines et des montagnes.

L'homme a beaucoup fait pour transformer le sol et l'aspect des choses. Les abords des villes et des bourgs sont verts, remplis de jardins et d'arbres ; on a précieusement recueilli les ruisselets et amené au jour l'eau du sous-sol. Ainsi Valence, grâce aux sources qui naissent au nord de ses murs, a pu se donner une banlieue assez verte, elle deviendra plus belle encore lorsque les eaux du canal de la Bourne seront régulièrement employées.

Singulière ville, Valence : elle est assise sur un grand fleuve, en vue de belles montagnes riches de vignes et de vergers, et elle tourne le dos à ce paysage d'où pour elle vient la vie. Le Rhône appelle en vain les constructions au bord de ses flots bleus, dont un ruban est souillé par les ondes grises de l'Isère, les rives demeurent désertes ; toute l'existence de la ville, jadis concentrée autour de la cathédrale, se porte maintenant non loin de la gare, sur les boulevards qui ont remplacé les fortifications. Le Rhône n'en est pas moins l'ornement de la ville; la promenade principale, le Champ de Mars, supporté par de hautes murailles, fait face au fleuve et au mont pittoresque de Crussol, recouvert par les ruines d'une cité féodale.

Valence a beaucoup perdu à ne pas être en façade sur le grand fleuve ; on ne saurait le reprocher aux Valentinois actuels, le site a été choisi à cause de l'isolement du mamelon dressé entre

LE VALENTINOIS. 225

de petits vallons pleins de sources et le Rhône. Le coteau n'était pas baigné par le fleuve, il restait entre eux une bande de terrain dominée par les remparts construits au bord du plateau. Les

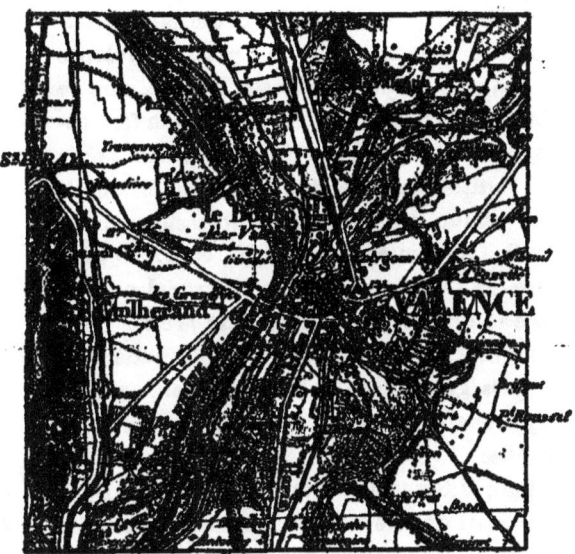

constructions qui vinrent s'établir au bord du Rhône constituèrent donc un faubourg de bateliers et de magasins pour la navigation; lorsque le chemin de fer se créa à l'est, il enleva au rivage presque toute son activité; de ce côté la ville s'étendit, projetant ses quartiers neufs jusqu'au vallon circulaire limitant le plateau. Les murailles qui faisaient de Valence une ville forte sont tombées, remplacées par des boulevards dignes d'une grande cité, bordés de maisons monumentales en pierre blanche, fournie par les hauteurs de Saint-Péray. Le chemin de fer, en créant à Valence une des grandes gares du réseau français, une de celles où s'arrêtent les trains rapides, a fort développé la petite ville où Bonaparte vint servir dans l'artillerie à sa sortie de l'école; elle avait 8,000 habitants à peine il y a soixante ans, aujourd'hui elle en compte 25,000, et 30,000 avec Bourg-lès-Valence, faubourg industriel que de vastes casernes séparent seules de la cité. L'accroissement se poursuit d'une façon régulière, il sera plus grand encore lorsque la plaine sera complètement arrosée et permettra des cultures nouvelles.

Plus que Grenoble, cette capitale du Bas-Dauphiné avait une vie intense. Son université n'était pas moins célèbre que celle de Tournon. Jusqu'à la révocation de l'édit de Nantes, elle eut même une population supérieure à celle de nos jours, elle était fort active, enrichie par la navigation et le commerce. De ce passé, il est resté quelques beaux hôtels et de jolies maisons de la

Renaissance ; malgré l'étroitesse des rues, l'ensemble est gai et animé. En somme, la ville mérite une visite, ses édifices religieux, la *maison des Têtes,* le pendentif, tombeau de la famille parlementaire des Mistral, le musée méritent une visite de quelques heures. Valence a surtout le beau décor du Rhône et des montagnes riveraines.

La progression de Valence est d'autant plus remarquable que la grande industrie ne s'y est pas implantée, même elle a subi le contre-coup des ruines accumulées dans la vallée par la catastrophe financière de Bessèges, qui a ruiné les hauts-fourneaux de la Voûte. Mais pour les centres industriels voisins : Tain, Romans, Bourg-de-Péage, Chabeuil, Soyons, pour une partie de l'Ardèche, Valence est restée la ville maîtresse, celle où l'on se rend volontiers. Les conditions topographiques qui firent naître une cité gauloise près de l'embouchure de l'Isère et amenèrent les Romains à en faire un de leurs centres n'ont rien perdu de leur importance. C'est encore un marché considérable entre des régions bien diverses par leurs productions, leur climat, leur industrie. Le chemin de fer de la rive droite du Rhône, possédant une gare à Saint-Péray, reliée à Valence par un service incessant d'omnibus, a augmenté les facilités de rapports entre Valence et le Vivarais.

D'ailleurs, la ville et son faubourg de Bourg ne sont pas sans usines, l'impression sur étoffes y est florissante, on imprime surtout le mouchoir de lin et de coton; plusieurs manufactures importantes fabriquent des pâtes alimentaires; ici commence la production du suc de réglisse, industrie si méridionale, enfin c'est un des centres pour la filature de la soie [1].

Valence vit par sa plaine. Le vaste territoire compris entre le Rhône et le pied des monts du Vercors n'a que de rares villages et une seule ville, Chabeuil, dont la population avait fort décru depuis le commencement du siècle; les beaux vignobles, qui tapissaient les pentes de la vallée de la Véoure, ont été fort éprouvés. Mais les eaux du canal de la Bourne et la reconstitution de la vigne ramèneront la prospérité. Il y a même un léger accroissement du nombre d'habitants. L'infériorité moderne de Chabeuil tenait aussi à son éloignement des voies ferrées, un tramway à vapeur la relie maintenant à la gare de Valence dont elle est, en quelque sorte, le faubourg. On a une idée suffisante de la plaine de Valence en

---

[1]. La chambre de commerce évalue à près de 90 millions le montant des affaires dans le canton, dont 6,500,000 fr. fournis par la minoterie et les pâtes alimentaires.

suivant ce petit chemin de fer routier. Après la zone assez nue qui entoure les verdoyants vallons des fontaines, on traverse un plateau sec, aux maigres cultures, puis une large zone de vignes couvrant des pentes presque insensibles au pied desquelles coule le ruisseau de Grimaud. On voit grandir au loin de hautes collines surplombées par les murailles calcaires du Vercors, fièrement découpées.

Pas de village dans la plaine, sauf Malissard, mais des fermes nombreuses, éparses dans les vignes et les champs de mûriers. Chaque maison, ici, a sa magnanerie où l'activité est grande au printemps. De petits bois taillis, en essence de chênes, forment çà et là des taches plus sombres ; ils sont nombreux surtout au flanc d'un coteau très étendu dominant la plaine d'une quarantaine de mètres et portant les fermes isolées qui forment la commune de Fiancey. Ces bois sont une richesse pour la plaine, non par leurs branches, mais par les truffes recueillies entre les racines. Deux bourgs situés au sud de la plaine, Beaumont et Montéléger, sont le centre de cette récolte.

Cette rareté des villages, cette dispersion de la population en des fermes isolées qui commencent à recevoir l'eau du grand canal par des conduites spéciales, répondent à l'industrie agricole du pays ; pour l'élevage des vers à soie, le mûrier producteur de feuilles est à proximité de la magnanerie, le pressoir est à portée de la vigne, les noix, qui sont une des grandes récoltes, puisque la Drôme est le plus grand producteur de France, sont rapidement emmagasinées en attendant d'être décortiquées pour envoyer l'amande au moulin à huile.

Au delà du ruisseau de Grimaud, la plaine s'élève lentement ; la vigne alterne avec les mûriers et devient prépondérante aux abords de Chabeuil, au-dessus de la Véoure, joli torrent descendu des premières pentes du Vercors. La ville, jadis fortifiée, n'a conservé de ses défenses que le tracé d'un boulevard à demi circulaire. C'est une bourgade aux rues étroites et tortueuses, trop dépourvue de monuments, mais assez active. Comme sa voisine Bourg-de-Péage, elle a plusieurs fabriques de chapellerie et des filatures où l'on dévide et mouline les cocons produits dans la plaine. Le commerce y est assez considérable, car les chemins du Vercors ont leur jonction naturelle en ce point.

Au delà de Chabeuil il n'y a plus de voie rapide de communication. Le petit chemin de fer doit cependant être prolongé par la base du Vercors jusqu'au cœur du Royannais, à Sainte-Eulalie-en-Royans ; il desservira une région très belle, très pittoresque, assez bien arrosée, où les escarpements calcaires ne manqueront pas d'attirer les touristes. C'est une des régions favorites du noyer, il faut attribuer à l'abondance de cette essence la curieuse industrie des bois de fusil qui existe à Charpey.

Avant les chemins de fer qui ont déplacé les courants de circulation, Chabeuil était en relations plus fréquentes avec le nord de la plaine, il fallait traverser Montélier et Alixan pour aller à Romans, centre industriel considérable. On fait plus commodément aujourd'hui le détour par Valence.

Cette partie nord de la plaine est une de celles où les irrigations sont le mieux comprises, tous les ruisseaux y sont captés et dirigés sur les champs ; le canal de la Bourne y alimente de nombreuses dérivations. Autour du curieux village d'Alixan, de forme circulaire, dont les rues ont pour centre un vieux château, et encore entouré de remparts, le réseau des eaux d'irrigation est particulièrement complet.

Le canal de la Bourne est appelé à augmenter encore ce mode de culture. Alixan est au bord même de cette grande artère dont je me propose d'aller voir l'origine à Pont-en-Royans[1]. Elle passe en syphon sous le torrent de Barberolle. Déjà ses eaux sont bien moins abondantes qu'à l'origine, plusieurs canaux secondaires se sont détachés pour arroser la plaine traversée par le chemin de fer de Valence à Romans. Cette partie était particulièrement aride, mais les mûriers la couvrent par milliers. Les clairières de cette vaste forêt seront un jour transformées en prairies naturelles ou artificielles, grâce aux eaux du grand torrent descendu du Vercors.

Il faudra du temps pour cela. Les habitants de la plaine ont cru que l'eau du canal leur permettrait de supprimer tout engrais. Ils ont conduit ces eaux très pures sur leur sol fissuré, faisant ainsi pénétrer dans les galets les sels fertilisants. En vain leur a-t-on dit que, sur ces espaces sans pente, il fallait enfermer les champs par de petites levées formant des planches dans lesquelles l'eau, séjournant un moment, devait dissoudre les fumiers de ferme et les engrais chimiques apportés, ils n'ont rien voulu entendre. Non seulement on ne demande pas l'eau, mais ceux qui avaient souscrit refusent d'utiliser l'arrosage. C'est un échec absolu. Pour réagir contre ces fâcheux pré-

---

1. Voir chapitre XIX.

jugés, une petite société, constituée par l'État, s'est installée sur divers points, a établi des champs d'expérience rationnellement fumés et irrigués. Les résultats sont merveilleux, on a obtenu 8,500 kilogr. de fourrage à l'hectare. Peut-être cela finira-t-il par faire ouvrir les yeux. Quand on voit les merveilles obtenues dans les plaines de Montélimar, de Nyons et d'Avignon, on ne peut trop déplorer les préjugés des habitants du Valentinois.

Ces longues rangées d'arbres, en ce moment dépouillés de leurs feuilles, car c'est l'époque de l'élevage des vers à soie, finissent par devenir fastidieuses. Pendant toute la journée, le sol de cailloux a accumulé la chaleur du soleil et la renvoie en chaudes effluves. Cependant, un vent frais vient de l'Isère et bientôt l'air s'attiédit. Le paysage perd de ses teintes brutales. Le crépuscule est exquis dans la plaine qui précède Bourg-de-Péage ; même les squelettes de mûriers, dont les branches conservent encore quelques feuilles isolées, abandonnent leur aspect sinistre.

La nuit est venue, voici une longue rue sur les côtés de laquelle clignotent quelques becs de gaz. Des maisons grises et basses la bordent ; par les fenêtres, on voit ouvriers et ouvrières piquer à la machine ou clouer des tiges de chaussures sur des semelles de bois. Des groupes bruyants viennent des usines en faisant claquer leurs galoches sur le pavé. La rue aboutit à une petite place bordée de cafés et de magasins bien éclairés, c'est le cœur de Bourg-de-Péage. Un pont jeté sur une large et rapide rivière, l'Isère, conduit à Romans.

Dès le point du jour j'ai parcouru la ville. Elle n'a pas l'élégance des quartiers neufs de Valence, mais on devine une population plus active et industrieuse. Romans ne compte pas moins de 20,000 habitants avec sa voisine Bourg-de-Péage; c'est surtout une ville d'affaires, dont les traditions d'activité remontent fort loin. Au moyen âge, c'était le centre le plus considérable des vallées du Rhône et de l'Isère pour la fabrication des draps; par sa population elle dépassait Vienne, Grenoble et Valence. C'était donc la ville la plus considérable de la province. De cette industrie, il ne reste plus que le souvenir, mais on devine, en parcourant les vieux quartiers, quelles richesses elle avait pu accumuler. Dans ces rues montantes et tortueuses, beaucoup de maisons ont encore grande apparence. Ces quartiers, jadis séjour des riches bourgeois, où les membres des États de la province logeaient pendant les sessions, car Romans fut, en quelque sorte, la ville fédérale du

Dauphiné, ces quartiers sont devenus l'apanage des ouvriers. Là, en de petits ateliers, se prépare le cuir pour les galoches et se débite le bois pour les semelles. Sur le pas des portes, les vieilles femmes épluchent des noix pour le pressoir.

La plus pittoresque de ces rues, celle du Fuseau, offre encore une belle maison romane, aux arcades effritées, transformée en grenier. Les fenêtres sont séparées par de grêles colonnettes ornées de chapiteaux corinthiens. A chaque pas, des détails arrêtent par leur richesse ou leur originalité, mais le soleil pénètre malaisément dans ces ruelles étroites, l'humidité ronge les façades lépreuses, des mousses et des pariétaires croissent dans les fentes des murailles. Cependant on erre avec un mélancolique plaisir par ces rues montueuses et coupées d'escaliers.

A mesure que le calme se faisait dans la province, ces hauts quartiers se désertaient; des rues nouvelles, plus larges, plus gaies, plus accessibles se bâtissaient au pied de la colline, c'est encore le centre des affaires, là sont les magasins, les cafés, les hôtels. A l'entrée du pont se dresse l'ancienne église abbatiale, berceau de la ville, un des plus remarquables édifices religieux du Dauphiné, un de ceux où l'art roman se révèle avec le plus de pureté.

La ville s'est développée si rapidement qu'elle a dû abattre de nos jours sa vieille enceinte flanquée de tours, dont une, penchée comme la tour de Pise, donnait lieu à bien des légendes par son nom de tour du Diable. De larges boulevards, plantés de plusieurs rangées d'arbres, ont remplacé les murailles, de belles constructions s'y élèvent déjà, mais les matériaux de construction employés, mollasse nue ou crépie, se noircissent rapidement et prennent un aspect triste. Sans cette teinte grisâtre, les quartiers neufs auraient plus grand caractère, elle contraste fort avec les toits plats, d'un caractère déjà méridional.

On a conservé d'infimes débris de ces fortifications, près du collège monumental qui, sur la grande avenue, fait face aux casernes. C'est la promenade de Romans; on y a une vue superbe sur le cours rapide de l'Isère, la plaine de Valence et les fiers escarpements du Royannais.

Non loin de là, une plaque de marbre rappelle le passage de Gambetta, qui prononça à Romans une de ses plus ardentes harangues. Le grand tribun est ici resté populaire. Dans la plupart des maisons sa photographie est à la place d'honneur.

Quand j'aurai cité le Jacquemart, non moins aimé par les Romanais que Jacquemart de Dijon par les Dijonnais ou Martin et Martine par les Cambrésiens, j'aurai signalé tout ce que Romans offre d'intéressant. Ce Jacquemart des bords de l'Isère n'a rien de moyenageux, c'est revêtu d'un costume de grenadier de la République qu'il frappe

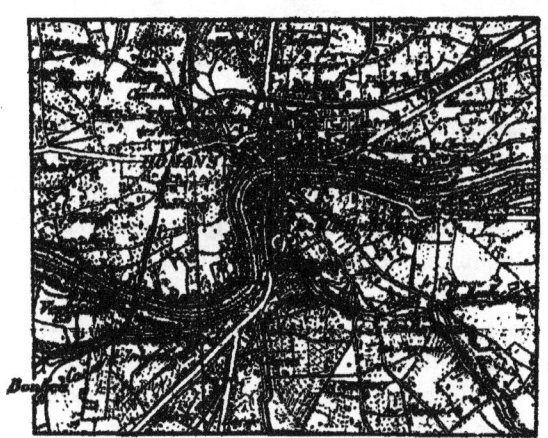

de son marteau sur un timbre pour annoncer les heures.

Jacquemart appelle à la soupe de midi les 6,000 ouvriers et ouvrières de Romans qui travaillent à la confection des souliers et des galoches. Après Fougères[1], la ville dauphinoise est

---

1. Voir 6ᵉ série du *Voyage en France*, pages 286 et suivantes.

le centre le plus important de France pour la fabrication des chaussures. Mais cette industrie n'a pas le caractère usinier qu'elle tend à prendre en Bretagne. La plus grande partie des ouvriers travaillent chez eux, ils vont chez le patron chercher la matière première et font le montage à domicile ; les fabricants se contentent d'avoir un petit atelier, avec des ouvriers de choix, pour faire le travail pressé.

L'industrie de la chaussure à Romans remonte à plus de trente ans. On faisait d'abord la galoche, mais peu à peu on a fait le soulier, celui-ci est l'élément principal ; Saint-Symphorien-d'Ozon est plus important aujourd'hui pour la chaussure à semelle de bois.

Trente-six fabricants se répartissent les 6,000 ouvriers de Romans. La production atteint près de 8 millions, les tanneries ont un mouvement d'affaires de 3 millions, le commerce des cuirs atteint 1,500,000 fr., les sabots et galoches comptent pour 550,000 fr. C'est plus de 13 millions pour le commerce de la chaussure sur les 18 millions de produits fabriqués à Romans et dans le canton.

Bourg-de-Péage a quelques fabricants, mais une autre industrie fait vivre la plus grande partie de la population, celle de la chapellerie. De tous temps il y eut là des petits foulons, des coupeurs et des souffleurs de poils, il en est encore près de 20, mais ils sont loin, entre eux tous, de fournir autant qu'une seule usine mécanique rivalisant avec celles de Chazelles[1]. Bourg-de-Péage est donc une ville de chapeliers; les femmes y coupent le poil à domicile pendant que les hommes travaillent dans les ateliers. Une autre industrie spéciale, celle de la corderie, emploie de nombreux ouvriers.

En dehors de ces florissantes industries, Romans et Bourg font un commerce considérable d'huiles de noix. La culture de la noix dans l'Isère, dont j'ai parlé dans un autre chapitre, continue jusqu'ici pour la noix de table, mais les noyeraies produisent surtout du fruit pour les huileries. La Drôme est le département français où les noix sont le plus abondantes : on en recueille plus de 1,500,000 hectolitres chaque année; l'Isère atteint à peine la moitié de ce chiffre. La région drômoise où les noyers sont le plus abondants est la vallée de l'Isère, vers Romans, et les premières pentes du Royannais et du Vercors. L'huile de noix, dont le goût particulier ne plaît pas au palais des habitants du Nord, a conservé

---

1. Voir 7ᵉ série du *Voyage en France*, page 161.

ici ses fidèles ; lorsqu'elle est fraichement extraite elle est fort agréable au goût : on s'y fait rapidement.

Le commerce des cocons est également prospère : le seul canton de Bourg-de-Péage a donné 230,000 kilogr. en 1887, celui de Chabeuil près de 80,000. Dans le sud du département, d'autres cantons sont plus riches encore. La Drôme est, du reste, un des principaux producteurs de cocons, elle en fournit plus de 1,200,000 kilogr. par an.

XIV

CREST ET LA DRÔME

Loriol et Livron. — Vaincu par des femmes. — La vallée de la Drôme. — Crest et son donjon. — Aouste. — Saillans et ses gorges. — Pontaix et la vallée de Quint. — Die. — L'industrie du bois de noyer.

Die, juin.

Après avoir compulsé l'indicateur, j'ai calculé qu'il m'était possible de voir en deux jours la vallée de la Drôme, où je veux revenir plus tard pour monter dans le Vercors par une route moins fréquentée que celle du Royannais. Je me suis imposé comme limite à cette partie de mon voyage Montélimar et le cours du Jabron, au delà c'est climatériquement la Provence.

Et voilà pourquoi j'ai couché cette nuit à Loriol pour gagner Livron au point du jour. Les deux villes sont voisines, en une demi-heure on va de l'une à l'autre.

Loriol m'a toujours séduit au passage par les ombrages opulents au milieu desquels se dissimulent ses maisons ; lorsqu'on court dans un train rapide, ce site de ville, si frais au milieu de collines brûlées, arrête l'attention. Dès les premiers pas on est sous les platanes d'une place ombreuse et vaste, où la fraîcheur est exquise. Au matin le silence n'est troublé que par les pépiements d'innombrables moineaux, mais le soir, et le dimanche pendant la journée entière, les éclatants sons de voix des joueurs de boules troublent la solitude.

Un canal d'irrigation arrose les beaux arbres, il vient de la Drôme dont il amène les eaux ; celles-ci, tout en fertilisant les champs, font mouvoir les usines de Loriol, moulins à farine, moulinages de soie. La route nationale sépare la ville en deux parties, en formant une large rue très vivante ; sur cette artère s'ouvrent de petites ruelles, étroites et grises, souvent voûtées. Sur la colline, couronnant un rocher de poudingue perforé de cavités habitées jadis, de vieux murs sont tout ce qui reste du Loriol féodal. Une des rues voisines s'appelle rue d'Aurélien, le nom de Loriol aurait-il une origine romaine ?

La route, jusqu'à la Drôme, est bordée de beaux platanes ; à l'extrémité de cette avenue on traverse la rivière sur un pont superbe, très hardi, témoignant d'un grand sens artistique. La Drôme est ici contenue entre des digues, mais plus bas elle s'élargit de nouveau, ses eaux rares et rapides entourent d'immenses bancs de gravier.

La ville moderne ou ville basse s'ouvre sur ce pont, près d'une halte du chemin de fer de Die. C'est une grande et large rue, bordée de maisons cossues. On se prépare à la « montée » des vers à soie, des feux sont allumés devant les portes et l'on passe dans la flamme claire les brins de bruyère ayant déjà servi, pour les débarrasser des germes infectieux qu'ils pourraient contenir. Dans un vaste hangar j'aperçois des femmes assises devant de grandes tables couvertes de cerises superbes, elles remplissent des caisses et des paniers destinés aux halles de Paris, aux marchés de Londres et de Hambourg. La campagne de Livron est un des centres de production pour ces fruits, mais ils viennent à maturité dix jours après que Saint-Fortunat et Saint-Laurent-du-Pape ont commencé la cueillette[1].

Tous les auteurs qui ont parlé de Livron ont signalé le siège supporté en 1574 par cette ville. Le maréchal de Bellegarde vint y attaquer les protestants, le roi Henri III et ses courtisans revenant d'Avignon se joignirent à lui. Parés, parfumés, « godronnés » ainsi qu'on disait alors, ils

---

1. Voir 1ʳᵉ série, page 106, le chapitre concernant la culture des cerises sur la rive droite du Rhône.

vinrent à l'assaut comme à une fête. La population entière accourut aux remparts, les femmes plus ardentes encore que les hommes. Du haut des murs les assiégés adressaient d'ardentes invectives aux assiégeants : « Vous ne nous poignarderez pas comme l'amiral (Coligny)!... Amenez-nous vos mignons, qu'ils viennent voir nos femmes et ils verront si c'est une proie facile à emporter ! »

Puis, par raillerie finale, ils placèrent au rempart des vieilles femmes armées de leurs quenouilles et filant avec tranquillité. L'armée royale dut lever le camp.

Lorsqu'on voit le Livron de la route, cette aventure semble un peu gasconne, mais lorsqu'on a tenté de gravir le coteau, on admet la résistance. Sur le rocher à pic est la vieille ville, dédale de rues étroites et escarpées, bordées de maisons de rébarbatif aspect, plus forteresses que logis. Des débris de mur, les restes d'un château montrent encore ce que fut le Livron féodal. On comprend alors et le fanatisme de la population et les infructueux efforts de l'armée catholique. Ce Livron-là disparaît peu à peu, on n'y accède que par des rues d'une déclivité extrême, les maisons sont sur le roc nu ; c'est un assez pénible séjour malgré la splendeur du panorama. Aussi les habitants descendent-ils un à un dans la ville basse où sont les moulinages de soie et les établissements publics, où les canaux dérivés de la Durance ont fait de la plaine caillouteuse une merveille de fraîcheur et de richesse agricole. Entre la ville et le chemin de fer les champs sont superbes.

La gare principale est assez loin de la ville, mais elle est importante ; là se détachent les lignes de Privas et de Briançon. C'est à ce nœud de voies ferrées que Livron, simple commune, doit d'avoir dépassé en population (4,261 habitants) son chef-lieu de canton, la ville voisine de Loriol (3,518).

La section de Briançon est récente, seul le petit tronçon de Crest, remonte à une date déjà ancienne. Il a été construit alors que les chemins de fer étaient rares encore; mais Crest est une ville assez importante pour obtenir une voie ferrée. D'ailleurs, en cette partie, la vallée de la Drôme est large et plate, les travaux d'art étaient nuls.

Le paysage est très simple, mais la Drôme par ses îles de graviers lui imprime parfois un caractère d'abandon. Le puissant torrent fait pourtant la fortune des parties basses par ses eaux d'irrigation, elles ont permis de mettre en valeur les terres caillouteuses. De beaux vignobles submergés pendant l'hiver doivent leur existence à ces eaux aménagées. Toutefois, on pourrait faire mieux encore, il y a bien des parties incultes au milieu de ces riches cultures. Les jachères sont fréquentes, égayées par la floraison violette de grands chardons. Les villages sont peu nombreux mais pittoresques; près de Grâne, un vieux château donne un grand caractère aux premiers plans des collines qui portent la forêt de Marsanne.

Les hauteurs se rapprochent peu à peu et bientôt forment un étranglement qui oblige le torrent à couler dans un chenal étroit. Le défilé a grande allure ; sur un éperon projeté par les hauteurs du Nord se dresse un donjon formidable dont les murailles fauves s'élèvent à 50 mètres. Carré, sans reliefs, il doit à sa masse seule l'imposant aspect qui frappe le visiteur. Cette forteresse, débris évident de fortifications plus vastes, remonte au XIIe siècle. Elle était la clef de la vallée, au nord et au sud d'âpres montagnes ferment le passage ; quiconque était maître de Crest fermait à volonté le Diois et les routes du Haut-Dauphiné. Aussi de bonne heure un centre important de population s'est-il créé à ce passage obligé entre la vallée du Rhône et les Alpes dauphinoises.

Le donjon de Crest est si bien le point capital du paysage que l'on est poussé dès l'arrivée à faire l'ascension du coteau, avant même de parcourir la ville. Pour l'atteindre, il faut gravir le roc par un escalier de 120 marches, à travers un jardin public, donnant accès dans la tour. Du sommet la vue est fort belle, vers le sud surtout où la chaîne de hautes montagnes escarpées qui enceignent la forêt de Saou a si grand aspect. Les cimes de Roche-Colombe et de Rochecourbe, que l'on voit de si loin en descendant la vallée du Rhône, se présentent ici dans toute leur hardiesse. La vue s'étend, par la percée de la Drôme, jusqu'aux monts du Vivarais dont la chaîne se déroule puissante, et de l'autre côté, jusqu'aux cimes tourmentées et sauvages du pays de Die.

Non loin du donjon, une tour d'horloge surmontant une série d'arceaux complète le caractère archaïque de Crest, à qui ses toits plats et gris donnaient déjà, de loin, l'apparence d'une cité de Toscane. Mais, à l'intérieur, la ville perd cet aspect, elle est très vivante, propre, bien bâtie, remplie de magasins, on devine un centre commercial considérable. Et de fait, Crest, peuplée de près de 6,000 habitants, chef-lieu de deux cantons, est le lieu de rendez-vous pour les populations de la vallée. Die, qui a donné son nom à cette petite province du Dauphiné, est moins importante et surtout bien moins industrieuse. Non seulement Crest, située au milieu de grandes cultures de mûriers, possède dans ses murs ou dans sa banlieue de nombreuses filatures de soie, mais elle file aussi la laine, quelques tisserands utilisent le lin et le chanvre pour produire un tissu appelé *coutil crestois* dans le pays. Le grand nombre d'usines : filatures, tissages, moulinages, éparses sur la Drôme ou ses affluents, ont fait naître une fabrique de cardes pour filatures et de courroies de transmissions. La truffe, abondante dans les taillis de chênes, donne lieu à un commerce assez considérable et a fait naître la gastronomique industrie du pâté de foie gras. Enfin j'ai rencontré une fabrication assez curieuse, celle des billes « pour enfants en pierre, marbre et onyx ». Il ne faut pas conclure de cette définition que les enfants sont en pierre — ce sont les billes.

Le train qui m'a amené ne dépasse pas Crest; j'ai le temps d'aller à Aouste avant le passage du train de Die. Ce beau bourg de 1,800 habitants est à moins d'une demi-heure de marche, par une campagne couverte de vignes ; c'est en quelque sorte un faubourg de Crest après avoir été la capitale du pays à l'époque romaine. Ce nom d'Aouste est, comme Aoste, une contraction d'*Augusta*, nom donné à tant de villes romaines ; celle-ci fut l'Augusta des Voconces. De nos jours c'est un petit centre de fabriques actives. Les moulinages, les filatures, plusieurs papeteries lui donnent une certaine importance. Peu de débris du passé ont survécu ; çà et là quelques pierres, quelques inscriptions rappellent seules la domination romaine.

La prospérité d'Aouste et de Crest est moins due à la Drôme qui fait mouvoir leurs ateliers qu'à la Gervanne, autre torrent dont l'embouchure est à deux kilomètres en amont. La Gervanne vient de parcourir une des plus belles régions de nos Alpes, les gorges d'Omblèze ; de cascade en cascade, de cluse en cluse, accrue par de belles fontaines, elle fournit aux filatures, aux papeteries, aux soieries une force motrice plus constante que le grand torrent. Aussi chaque village a-t-il ses ateliers où travaillent en grand nombre les jeunes filles du Diois et du Vivarais. Celles de ces usines qui sont isolées ont fait naître autour d'elles de petits hameaux, comme Bertolais et Blacons.

Voici l'heure du train de Die, il faut gagner la gare d'Aouste sur l'autre rive de la Drôme. Le chemin de fer remonte la vallée en vue des crêtes superbes de Rochecourbe et des hautes croupes de Mirabel. Le paysage a toujours un aspect très méridional, mais il est verdoyant encore. Les villages sont au flanc ou sur le sommet des collines, très gris, parfois entourés de murailles croulantes, ainsi Mirabel qui commande si superbement un nouvel « étroit » de la vallée. Les montagnes se resserrent, laissant à peine au torrent et à la route la place nécessaire à leur passage. Le chemin de fer, lui, a dû se frayer la voie par des tranchées et des corniches jusqu'à la petite ville de Saillans, bâtie dans un épanouissement de la gorge, à l'embouchure du torrent de Riousset. Le paysage est gris, grise est la bourgade enserrée entre les hautes montagnes de Rochecourbe et de Barry. Les roches à pic s'approchent à tel point de la rivière qu'il a fallu creuser un tunnel à la route de Die. Saillans est cependant devenue une petite cité de fabriques ; elle est, par une de ses usines, un tissage mécanique de soie, le dernier groupe de tissage de la fabrique lyonnaise vers le Sud.

La gorge se resserre de plus en plus, le chemin de fer, trouant en tunnel les monts de la rive droite, suit la Drôme qui roule ses eaux rapides dans un lit étroit, gronde sur les rochers, emplit un canal de dérivation. Dans ce passage les montagnes sont grises, maigrement boisées, très tourmentées. Au milieu de ce paysage, on franchit la Drôme dont la vallée s'élargit un moment autour

de Vercheny, mais la plus grande partie est remplie par les bancs de gravier du torrent. Les pentes sont couvertes de maigres récoltes. Le pays fut riche cependant : dans ce bassin commençait le vignoble de Die, ces coteaux produisaient un vin doux et mousseux, *la clairette,* dont il reste à peine le souvenir aujourd'hui.

Des pics rocheux, couverts d'une maigre verdure, ferment à distance le bassin, leurs chaînes se rapprochent et forment une nouvelle gorge, la plus curieuse et la plus belle de toute la vallée. La Drôme est devenue ici un canal resserré entre deux hauts rochers. Un bourg cependant s'est créé, sans doute à l'abri d'une forteresse destinée à garder le passage et dont il reste quelques débris. C'est un site étrange mais admirablement beau, ce village de Pontaix aux maisons collées contre la roche et baignant leur base dans le torrent. Un donjon ruiné, une cascade complètent le caractère romantique du site. Un pont d'une seule arche franchit la Drôme et porte la route d'une rive à l'autre. Le chemin de fer franchit également le torrent et, presque aussitôt, débouche dans un beau bassin rempli de noyers et de vignes. Cette partie de la vallée est bizarrement découpée, les roches ont des stratifications disloquées. Au sein de ce paysage est le village de Sainte-Croix, au-dessus duquel se dressent les tours du château de Quint, célèbre dans l'histoire du Dauphiné. A ce large paysage succèdent des gorges nouvelles et, soudain, la vallée s'épanouit. Très ample, très lumineuse, bornée par les gigantesques escarpements du Glandaz qui se dressent à plus de 2,000 mètres, c'est-à-dire à 1,600 mètres au-dessus de la vallée, elle serait franchement belle sans la nudité de quelques pentes. Les noyers qui recouvrent tout le fond étendent leur nappe d'un vert rougeâtre jusqu'à une grande hauteur, les parties basses sont remplies de mûriers, moins nombreux cependant que les noyers. S'il n'a pas les soins qu'on lui donne dans la vallée de l'Isère, ce dernier n'en semble pas moins dans son habitat, c'est l'arbre favori de la petite province de Diois; plus haut les sapins le remplacent, prolongeant leurs forêts jusqu'à celles de Villard-de-Lans et du Vercors.

Jadis le Diois était un vaste vignoble produisant la douce clairette de Die, rosée, d'un léger goût muscat; le phylloxéra a tout détruit; on essaie bien de reconstituer cette richesse, mais les efforts sont l'œuvre de rares personnalités, l'ancien vigneron ne s'est pas encore mis à la besogne, malgré les encouragements dont il est l'objet. Le pays s'est donc fort appauvri.

Die, la capitale de la vallée, est dans la partie

la plus belle, au confluent d'un gros torrent descendu du revers sud du Vercors, le Meyrosse, dont les eaux abondantes et pures ont fait plus que la Drôme pour la prospérité de la ville, il fait mouvoir ses rares usines et alimente ses fontaines.

Die est moins « ville » d'aspect que sa voisine du Valentinois, Crest. Elle fut cependant pour les Romains dans le haut bassin de la Drôme ce qu'était Aouste dans le bassin inférieur, même on attribue à une colonie phocéenne cette *Dea* des Voconces devenue siège d'un évêché puissant par les droits seigneuriaux du prélat. Cette petite cité eut une vie agitée et active, il faut attribuer sans doute à cela la rareté des débris romains. Même de nos jours elle a jeté bas, sous prétexte de gêne pour la circulation, une de ses portes antiques, dite de Saint-Pierre. La porte Saint-Marcel sous laquelle passe la route de Gap a été sauvée, il est vrai qu'elle a un assez grand caractère ; ce fut, croit-on, un arc de triomphe.

La cathédrale est en partie édifiée avec des débris romains, ses colonnes ont été prises dans un temple païen. Son porche est une œuvre de la belle époque romane. Mais le vieil édifice a été reconstruit il y a deux cents ans et porte bien la marque de cette piteuse époque de l'art religieux.

Sur l'une des murailles une main est peinte en rouge, la légende veut qu'elle soit là depuis le meurtre d'un évêque. Les autres vestiges monumentaux de Die sont des débris conservés à l'ancien évêché devenu la mairie. Il borde une promenade ombreuse et tranquille, ornée de petits monuments : une statue de la Liberté en l'honneur de la Révolution et le buste en bronze d'une comtesse de Die qui fit des vers dans la langue d'Oc. Ici commence le domaine du félibrige. Le statuaire est une femme, Mme Clovis Hugues.

La ville ne s'est guère modifiée qu'aux abords de la gare, les autres quartiers sont restés assez comparables à des rues de village; sauf dans la grande artère formée par la route nationale, la population vit avec le sans-gêne des bourgades voisines; sur les trottoirs, sur les placettes ensoleillées, sur la promenade, sèche la fiente des vers à soie disposée sur des lambeaux de toile, une odeur écœurante et fade monte de ces dépôts noirs qui sont un puissant engrais.

Die n'a pas autant d'industries que Crest et sa banlieue, pourtant elle en possède une fort intéressante : le sciage des bois de noyers pour placage. Cet arbre drômois par excellence et particulièrement abondant dans le Diois est conduit à

Die, de tous les points de la vallée, dans une belle usine dont le Meyrosse fait mouvoir les machines. Les vieux arbres sont débités en lames minces comme de fort papier et envoyées ensuite dans le monde entier. Mais cette industrie souffre des représailles commerciales de l'étranger, les droits élevés mis à l'entrée des feuilles de placage ont poussé les marchands de bois d'Angleterre et des pays du Nord à venir enlever chez nous les noyers en grume. Jadis on n'achetait de placages que dans nos Alpes et dans le Caucase; pour cette dernière provenance Marseille était le grand marché, aujourd'hui Hambourg a supplanté ce port.

Die ne se borne pas à débiter les noyers, elle les utilise aussi pour la fabrication des meubles, la grande scierie possède de fort beaux ateliers où l'on produit l'ébénisterie de choix, grâce à des ouvriers habiles. D'autres établissements moins considérables produisent d'assez grandes quantités de meubles. Le chemin de fer a donné à cette industrie un assez vif essor.

En somme le mûrier, le noyer — jadis la vigne — font vivre Die, il faut y ajouter les pins des forêts du Glandaz dont les bourgeons alimentent les bains de vapeur des Sallières, très fréquentés aujourd'hui.

Telle est cette petite ville à laquelle ses débris de remparts et ses beaux horizons donnent un aimable aspect. Elle laisse un heureux souvenir au voyageur qui passe, se rendant dans les Alpes ou descendant vers le Rhône.

XV

LE CHEMIN DE FER DU COL DE CABRE

Châtillon-en-Diois. — Les mines de Menglon. — Zinc et calamine. — Un chemin de fer difficile. — Luc-en-Diois. — Le Claps. — Les lacs de la Drôme. — Un tunnel qui se promène. — Les schistes. — Une source de pétrole ignorée. — Le grand tunnel. — Arrivée dans les Hautes-Alpes.

Veynes, juin.

Les montagnes voisines de Die recèlent des richesses peu connues encore. Un seul gisement, la mine de calamine de Menglon, est exploité. On sait que la calamine est le minerai de zinc; les gîtes sont assez nombreux en France, mais se prêtent malaisément à l'exploitation; dans une autre partie du Dauphiné, près de Vienne, une mine donnait de grandes espérances, on a dû l'abandonner. A Menglon, au contraire, on a l'espoir d'une exploitation fructueuse; les recherches entreprises depuis 1885 ont permis, vers 1889, de marcher en avant; depuis lors, le travail n'a pas été interrompu.

Je suis allé visiter ces mines, situées non loin

de la Drôme, dans une vallée latérale. On remonte la vallée qui se présente ici sous son caractère le plus méridional par ses monts dénudés et la profondeur des horizons. La route est bordée de mamelons rocheux au pied desquels croissent les mûriers et les noyers. Sur l'un d'eux, le village de Molières, aux féodales allures, groupe ses maisons grises. Le gris est la note dominante du paysage. Lorsque, près de la gare de Pont-de-Quart-Châtillon, on quitte la route de Sisteron pour celle de Châtillon, on découvre le château d'Aix, tout gris dans un paysage sans arbres où la roche est de schiste gris ou noir. On monte au flanc d'un ravin sans eau courante, mais où doivent suinter d'invisibles fontaines, le thalweg est bordé de peupliers, d'ormes et de saules. Peu à peu la végétation reparaît ; aux abords du petit village de Saint-Romain, les prairies sont nombreuses, les sources abondent. La vigne, cultivée sur de hautes treilles, a résisté au phylloxéra. Les eaux, descendues de la montagne de Serre-de-Labet, haute de 1,283 mètres, sont recueillies avec soin par des conduites de ciment ou de pierre. Tout cela compose un site très frais, ce serait l'Arcadie si l'on reboisait les horribles mamelons schisteux qui surgissent de la verdure.

On descend maintenant vers un torrent aussi

large que la Drôme, mais ses eaux sont moins abondantes, c'est le Bez ; en face, sur l'autre rive, au flanc de collines pelées, on voit les travaux de la mine de Menglon et les constructions basses où le minerai est préparé. Je n'y monte pas de suite ; la petite ville de Châtillon-en-Diois est proche, je lui dois bien une visite, car si les âpres pentes du Glandaz sont vertes maintenant jusqu'à la grande falaise terminale, on le doit à mon grand oncle, le sous-inspecteur des forêts Guy ; il a passé presque toute son existence dans sa chère montagne.

Le mot ville est bien ambitieux pour ce bourg bâti à l'étranglement de la vallée, près des vagues ruines du château qui lui donna son nom et qui commandait ce défilé entre la Drôme et le bassin du Drac. La mairie, du siècle dernier, est peinte à la manière italienne, ce devait être un charmant et pimpant édifice lorsqu'elle est sortie des mains du décorateur ; elle donne à la placette sur laquelle elle s'élève un aspect de décor d'opéra-comique. En dehors de cela, Châtillon n'a que les flots bleus de son torrent, venu d'une des plus belles gorges des Alpes dauphinoises. Pendant la saison des agneaux, elle fait un commerce important de ces animaux d'un goût exquis, paraît-il, et appelé « truands ».

En route pour Menglon. Les mines sont bien sur le territoire de cette commune, mais assez loin du chef-lieu, près du hameau riant des Boidans, enfoui dans la verdure au-dessus d'un torrent. La mine est depuis trop peu de temps exploitée pour avoir transformé le paysage et fait naître un centre populeux.

Le filon se dirige verticalement de l'est à l'ouest, il donne 20 tonnes par jour, mais le lavage lui fait perdre 30 p. 100 de son poids. Le minerai ne subit pas d'autres préparations sur place, il est envoyé à Auby, dans le Pas-de-Calais, où il est calciné ; il contient alors 42 ou 43 p. 100 de zinc. 130 ouvriers sont employés à la mine.

Menglon, le village qui a donné son nom au gisement, est un curieux exemple de bourg fortifié, les maisons forment une muraille demi-circulaire encore flanquée d'une tour. La campagne serait assez belle sans les monticules infertiles qui la parsèment ; çà et là, de jeunes plantations de pins et de sapins ont commencé la transformation.

Un chemin a été récemment construit pour relier les mines à la gare de Recoubeau, au pied du mamelon portant le pittoresque village de ce nom.

J'y ai pris le dernier train du soir pour venir coucher à Veynes. Ce qu'il faut voir ici, c'est moins le paysage que les travaux extraordinaires accomplis pour le tracé de la ligne : ils s'harmonisent à merveille avec la vallée bordée de hautes montagnes schisteuses et à chaque instant barrée par les talus de déjection des torrents.

Beaucoup d'ouvrages d'art et de ponceaux, dans cette partie de la ligne. Parmi ces nombreux travaux figurent deux grands ponts métalliques : le plus important, celui de la traversée de la Drôme au claps de Luc, a son tablier à 44 mètres au-dessus du thalweg de cette rivière, formé de quatre travées en acier indépendantes, de 51 mètres de portée chacune.

« Dans la partie comprise entre Luc et le souterrain du col de Cabre, la ligne traverse des terrains marneux et détritiques, dans lesquels, dit le rapport des ingénieurs, se sont produits des éboulements considérables, notamment à Beaurières et à Baritel. Ces mouvements de terrain ont nécessité des travaux de consolidation d'une très grande importance et même un changement de tracé sur une longueur de 940 mètres, pour passer complètement, en souterrain, certaines parties trop ébranlées et dans lesquelles les travaux de consolidation exécutés, avec approbation ministérielle, avaient été reconnus inefficaces ou insuffisants.

« La ligne a une seule voie ; elle comporte dix-huit souterrains formant une longueur totale de 8,278^m,80. Le grand tunnel de Cabre, qui donne accès dans le bassin de la Durance, a été percé en grande partie au moyen de la perforation mécanique ; il a été exécuté exceptionnellement avec la section d'un souterrain à double voie, dans l'unique but de mieux en assurer l'aérage. Pendant son percement, il s'est produit, en 1887, une terrible explosion de grisou, à la suite de laquelle on a dû prendre des mesures de précaution toutes spéciales pour continuer les travaux. » Les courbes du tracé n'ont pas de rayon inférieur à 300 mètres et les plus fortes déclivités n'excèdent pas 0^m,020 par mètre. Le chemin de fer répond donc bien au rôle militaire qui, seul, explique de telles dépenses dans un pays pauvre et peu peuplé. Mais il relie directement la vallée du Rhône à Briançon, notre plus importante place de guerre de l'extrême frontière, gardant la route de Turin par le mont Genèvre.

Jusqu'à Luc-en-Diois, le chemin de fer suit le fond de la vallée ; lorsqu'il a desservi ce bourg, qui fut aussi une ville romaine, parsemé de débris assez nombreux encore — les habitants puisent l'eau d'une fontaine macabre, le bassin est formé par un tombeau du siècle d'Auguste, — il atteint la vallée supérieure au prix des travaux énormes que j'ai signalés. Un éboulement de montagne, le Claps, est traversé par la voie ferrée.

C'est vraiment une chose fantastique. La montagne, haute de 1,121 mètres, est composée de strates calcaires inclinées à 45 degrés. En l'an 1442, la couche supérieure s'est ébranlée et a glissé dans la vallée au-dessus d'un village bâti sur un éperon rocheux. Le village a été recouvert, l'éperon a forcé les éboulis à se déverser à droite et à gauche ; d'énormes rochers, cubant parfois des milliers de mètres, ont formé deux barrages qui ont retenu les eaux du torrent et créé deux lacs encore limpides. Il y a cent ans, des tranchées et un tunnel ont vidé les eaux et rendu les fonds à la culture.

Au milieu même du torrent se dresse une aiguille immense qui commande la gorge, mince pyramide, parmi tous ces blocs sans nombre, épars sur la pente ou dans les eaux. Là-dessus passe le pont, très hardi ; toutes les piles ont leurs angles décorés de pierres taillées à facettes, très frustes mais d'une grande beauté. Ce pont, le premier pont droit exécuté en acier, est vraiment superbe.

Sur l'autre face de l'éperon qui a divisé les éboulis, le chaos est plus puissant encore. Il a formé le lac supérieur ; on a dû percer un des blocs au moyen d'une galerie pour vider le bassin, la Drôme s'en échappe avec violence et tombe de cascade en cascade d'une hauteur de plus de 40 mètres. Ce site magique est comme la scène d'un théâtre antique. En face, un immense hémicycle de montagnes sévères, cachant quelques

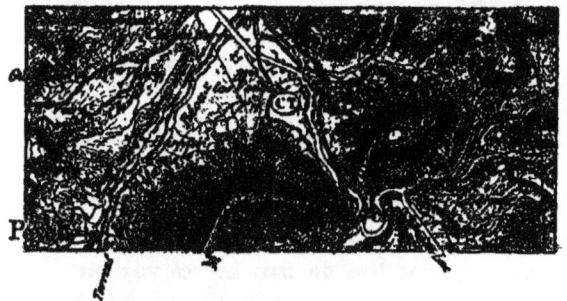

verdures et un village dans leur pli, ferme l'horizon.

Le chemin de fer et la route décrivent un grand lacet pour atteindre le plan de prairies mouillées qui a remplacé les deux lacs supérieurs. Le dessèchement, loin d'être achevé, a été entrepris à la veille de la Révolution par les Chartreux du célèbre couvent de Durbon. Au delà des anciens lacs, lorsque la voie a dépassé la station de Lesches-Beaumont, on atteint les montagnes schisteuses, délitées, fissurées qui ont causé tant de mécomptes et nécessité l'abandon d'un tunnel de 84 mètres qui s'éboulait sans cesse, par la malice d'un propriétaire, dit-on : il aurait su, par des irrigations, rendre les terres très fluides, espérant ainsi faire racheter ses eaux! On a dépensé 600,000 fr. et perdu trois années, il fallut construire, à tout hasard, une voie de fortune au dehors du tunnel pour assurer, au moins en temps de guerre avec l'Italie, le passage des trains militaires. Mais la ligne ne put être ouverte au service public que le 22 mai 1894.

Sur certains points, pour assurer la solidité de la voie, on a dû enlever tout l'épiderme de la montagne, argile schisteuse sans cesse en mouvement; des tunnels, des galeries creusées au flanc des monts permettent de franchir ce territoire tourmenté, un de ces tunnels forme une boucle presque parfaite. On quitte la vallée de la Drôme pour entrer dans le vallon de Maravel, mais, avant de l'abandonner, on peut apercevoir un moment le val supérieur si bien nommé le Valdrôme, à qui des cascades éblouissantes et la rivière, roulant furieuse au pied de hautes roches calcaires, donnent un grand caractère alpestre. Sur les pentes paissent des troupeaux de chèvres blanches.

La combe de Maravel est un cirque érodé, ravagé par les torrents, sans verdure, franchement laid. Autour du village de Beaurières, cependant, il y a encore des noyers et des lambeaux de prairies.

Ce cirque de Beaurières est saisissant; de hautes croupes, à chaque instant trouées par les tunnels, excavées par les galeries voûtées afin d'empêcher la voie d'être emportée, sont d'une beauté sauvage. La solitude est absolue là-haut, pas une maison, pas un champ, on se croirait au bout du monde.

Près de la gare de Beaurières, les glissements dans les schistes sont d'une belle horreur, on dirait une plaie immense. Il a fallu enlever des masses de schistes; en vain a-t-on essayé de creuser des tunnels et des galeries, la poussée des terres était telle que les étais et les revêtements en bois étaient brisés et réduits en morceaux semblables à des allumettes. Il a fallu trois ans d'efforts pour résoudre le problème posé aux ingénieurs par les forces aveugles de la montagne.

Lorsqu'on a dépassé le misérable village de Beaurières, le trajet devient vertigineux. Les lacets, les tunnels, les galeries se suivent. Le tunnel en boucle allongée qui ramène au-dessus du village et dont j'ai parlé déjà est une des plus belles et difficiles œuvres de nos voies ferrées.

En passant, on me montre le petit tunnel qui a

causé tant de mécomptes. Il est abandonné maintenant, mais on constate que, chaque année, il avance de 12 centimètres, des lézardes se produisent, entre la voûte et le sol une large fissure donne à la maçonnerie l'air d'être décollée.

Le paysage est de plus en plus sévère, sinistre même, au moment où l'on atteint, au-dessous du col de Cabre, l'entrée du grand tunnel. Elle est à 888 mètres d'altitude, c'est 340 de moins que la hauteur du col de la Croix-Haute franchi par la ligne de Grenoble à Marseille; aussi, passera-t-on fréquemment par le col de Cabre pendant les années où la neige amoncelée à la Croix-Haute empêchera la circulation. Le tunnel du col de Cabre est une des entreprises les plus pénibles de notre réseau. L'accident de grisou qui s'y est produit est dû, croit-on, à des gisements de pétrole qui seraient à environ 600 mètres de profondeur. On a trouvé du pétrole à l'état solide pendant les travaux et, tout le fait supposer, des recherches amèneraient des résultats importants. En Amérique, la catastrophe du tunnel de Cabre aurait fait accourir les chercheurs; en France, nul ne s'est préoccupé de cette fortune, peut-être endormie sous les schistes de Beaurières.

L'entrée du souterrain est majestueuse : entre les parois dénudées d'une tranchée, un grand mur, percé d'une large ouverture, semble soutenir le poids énorme de la montagne.

On franchit le tunnel en quelques minutes. La lumière apparaît, on débouche dans une vallée sévère, entre de hautes murailles qui maintiennent les terres. Au front du souterrain, cette inscription :

COL DE CABRE
1886-1891

Là est établie la gare de Beaume-des-Arnauds, près d'un pauvre village où de maigres et rares cultures, des bois non moins rares s'efforcent de gagner le terrain raviné des monts. Le pays serait superbe s'il était reboisé, mais les pentes restent nues et, chaque année, les torrents emportent, quelque débris de verdure. La Chauranne, à sec en ce moment, doit être terrible en ses crues, à en juger par son cône de déjection. Des plantations d'arbres sauverait la ligne d'une catastrophe que tout semble faire présager.

La vallée présente partout ces éboulis de schiste et ces apports de torrents, à travers lesquels la voie ferrée a dû se frayer un passage. Elle s'élargit encore par l'arrivée d'autres torrents, et la Chauranne se dirige vers le sud pour atteindre le

Buech, un des plus terribles torrents des Alpes. Le chemin de fer quitte la Chauranne à Saint-Pierre-d'Argençon, bâti en un bassin présentant un peu plus de verdure ; des lambeaux de terre bien cultivés, verts de prairie, montrent ce que pourrait être ce pays si l'on éteignait les torrents.

Le train descend rapidement sur une longue pente de 20 millimètres par mètre ; il semble fuir au sein de ces montagnes grises. Enfin, voici l'importante gare d'Aspres-sur-Buech où l'on rejoint la ligne de Grenoble à Veynes qui se bifurquera plus loin, une branche allant sur Gap et Briançon, l'autre sur Aix et Marseille[1].

Ma course est achevée ici, je suis venu coucher à Veynes pour prendre, demain matin, le train qui me ramènera à Livron. Il me reste encore à visiter la forêt de Saou, je rentrerai ensuite à Die pour faire l'ascension du col du Rousset et descendre à Pont-en-Royans par le Vercors.

---

[1]. Cette grande voie de montagnes et la région des Hautes et Basses-Alpes feront en partie l'objet de la 10e série du *Voyage en France*.

XVI

LES PREMIERS OLIVIERS

Rochemaure. — Dans les basaltes. — Myrtes et oliviers. — Nid d'aigle sur un volcan. — Montélimar. — Comment on fabrique le nougat. — Torrents précieux. — La plaine de Valdaine. — Puygiron, la Bâtie-Rolland et Châteauneuf-de-Mazenc. — Les oliviers de la Bégude. — Une erreur géographique.

Dieulefit, juin.

Depuis longtemps je me promettais une excursion aux ruines de Rochemaure, si curieuses pour le voyageur qui les voit du pont du bateau à vapeur ou des portières du chemin de fer de la rive droite ; le temps m'avait toujours manqué pour un arrêt. Enfin ce matin-là, en descendant à Livron pour me rendre à Montélimar, je constatai que j'avais le temps de faire l'ascension de l'étrange ville morte et de son volcan de Chenavari. Je changeais de train à la Voulte ; moins d'une heure après, le train de Nîmes me déposait sur le quai de la gare de Rochemaure.

Une large route bordée de maisons blanches et de grands platanes dans lesquels s'exalte l'orchestre des cigales, là-dessus un soleil ardent réverbéré par la montagne, voilà le Rochemaure moderne ; c'est la villette du Midi, la même bourgade que nous trouverons aux bords du Calavon ou de l'Arc ; mais aussitôt est-on engagé dans une des ruelles étroites, montueuses, pavées de rochers aigus, d'un noir triste, l'aspect change. Ce sont de vieilles maisons, à demi écroulées, conservant d'heureux détails du passé ; parmi ces ruines encore habitées, entre les murailles branlantes, le cimetière tout fleuri de roses entoure une vieille et petite chapelle romane, de grands figuiers, des pampres énormes égaient ces masures. Sur un rocher de basalte, noir, tout fleuri de giroflées, couvert de plantes odorantes, une tour faite elle-même de sombres pierres volcaniques, empanachée de broussailles, est encore debout, dominant la bourgade aux toits gris et le fleuve large et rapide.

Un sentier de chèvres âpre et caillouteux monte sur les flancs de la montagne. Vrai chemin du Midi ; en dépit des géographes qui font commencer l'olivier à Donzère seulement, alors qu'on en voit déjà près du Pouzin, au nord de Rochemaure, la flore méridionale s'épanouit ici avec vigueur. Les remparts, encore fiers, qui enveloppaient la ville des Adhémar de Monteil voient

LES PREMIERS OLIVIERS.   273

croître dans leurs fentes des buissons de chênes
verts ; parmi les créneaux, d'autres plantes méridionales frissonnent à la brise rhodanienne. Sur

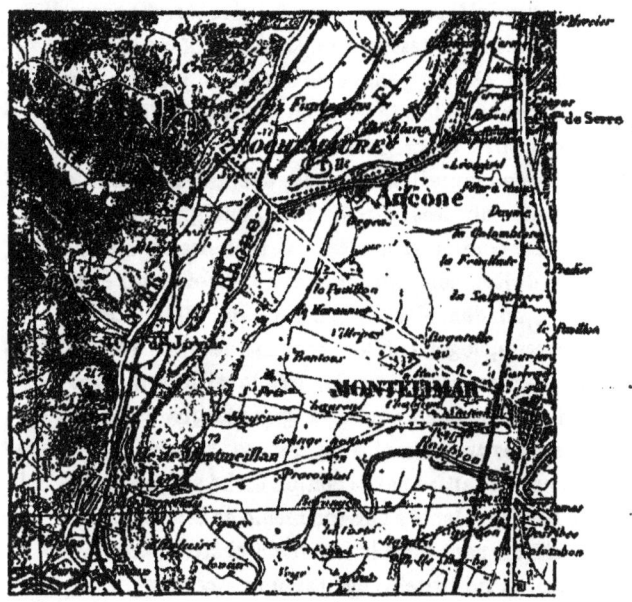

les pentes, de grands genêts d'Espagne étalent
leurs rameaux d'or ; voici même un myrte, puis
des aliziers au fin feuillage lancéolé et des oliviers
aux rameaux gris, mais se détachant si finement
sur le ciel bleu.

Ces ruines, cette végétation déjà toute provençale, couvrent un sol étrange, fait de laves rouges, de noirs basaltes, d'éboulis de colonnades prismatiques descendus de la montagne où, maintenant, me conduit un autre sentier, plus âpre encore. Il monte au-dessus d'un ravin profond raviné par les pluies, jusqu'à des ruines juchées sur des dykes volcaniques avec lesquels elles semblent faire corps. Là-haut sur une arête étroite, entre des murailles énormes, éventrées, faites de pierres noirâtres ou rougeâtres, quelques maisons se sont comme incrustées; il faut passer au milieu d'elles pour pénétrer dans l'enceinte du château, un des plus formidables du Midi. Tours, remparts, logis habités couvrent un vaste espace de leurs murailles croulantes; la ville primitive qui se blottissait contre le gigantesque castel a laissé des traces moins apparentes. Mais le regard est surtout attiré par le donjon juché sur son dyke de basalte, planté à l'éperon même de la montagne. Jadis, un pont-levis le reliait au château; aujourd'hui, on ne l'atteint que par une ascension vertigineuse; au-dessous, l'abîme se creuse, profond, au sein d'un large vallon d'éboulis volcaniques. Le dyke, lorsqu'on peut l'aborder, se présente tout empâté de constructions difficiles à définir, du sein desquelles surgit, isolé, le donjon proprement dit où l'on n'arrivait qu'au moyen d'une échelle, par une ouverture située à 15 pieds du sol. De ces ruines, la vue est admirable sur le Rhône, depuis les lointaines « cornes » de Crussol jusqu'à Viviers et au défilé de Donzère, sur la plaine de Montélimar si verte et les immenses campagnes que bornent seules les montagnes de Dieulefit et du Diois. Le pays, semé de villes nombreuses, de villages blancs, de vignobles et de mûriers, baigné par la transparente lumière méridionale est d'une splendeur presque auguste.

Plus haut, bien plus haut, par delà un plateau couvert de cultures et de mûriers, le volcan éteint mais caractéristique encore de Chenavari dresse sa coupe majestueuse d'où ont coulé et roulé jusqu'au Rhône tant de laves et de scories, dont le nom du hameau de Cheyre rappelle le passage [1].

On resterait longtemps, sur cette arête toute fleurie et embaumée de thym, à contempler la montagne ceinte de tours et de murailles, et le Rhône au large cours rempli d'îles boisées ; mais là-bas, au milieu de la plaine, sous la haute tour de son château, Montélimar étale sa masse grise et me rappelle que je suis attendu. En route donc

---

1. Le mot de *cheire*, en Auvergne, désigne une coulée de laves.

par un autre sentier, tracé sur le thym et la lavande, qui, froissés sous le pied, laissent échapper leurs parfums puissants et subtils à la fois ; en peu d'instants me voici de nouveau par les rues fraîches de Rochemaure et, de là, au pont suspendu, aux porches crénelés ; d'un moyen âge de fantaisie, mais s'harmonisant avec le caractère féodal de la ville et de sa triple rangée de ruines s'étageant jusqu'à la crête de la colline.

Le pont débouche sur la rive gauche, près d'Ancône, bien petit village pour un tel nom, et après avoir traversé une plaine basse, ancienne île où les sillons sont tout fleuris de glaïeuls d'un beau rouge, on atteint les campagnes de Montélimar. Abondamment arrosée par les canaux d'irrigation, la plaine est superbe de richesse ; parmi les blés, les luzernes et les vignes, en de petits enclos bordés de cyprès dénonçant la crainte du mistral, de beaux jardins remplis de roses, plantés de mûriers et de primeurs, bordent la route.

Mais déjà le fléau du Midi a fait son apparition ; le macadam se délite en une poussière blanche qui recouvre les arbustes voisins de la route. A la solitude des champs succèdent les villas, on traverse le chemin de fer, nous sommes à Montélimar.

Elle se présente admirablement, la jolie ville ;

sur son large boulevard de ceinture s'ouvre un jardin public qui ferait l'orgueil de plus grandes cités. De fraîches pelouses, des aubépines roses ayant la taille de grands arbres, de hauts peupliers d'Italie alternant avec des chênes-lièges et des chênes verts, de belles eaux jaillissantes apportent sous la lumière crue du brûlant soleil une délicieuse impression de fraîcheur.

Il faut monter jusqu'au vaste château des Adhémar, à sa haute tour carrée d'où la vue est si belle sur la vallée du Rhône, sur les volcans du Vivarais et les chaînes calcaires du Diois, il faut voir la plaine entière fumer sous les rayons ardents pour comprendre mieux encore la fraîcheur du beau parc montilien.

Moins peuplée et active que Romans accrue de Bourg-de-Péage, Montélimar offre une apparence plus prospère. Ses rues étroites mais fraîches sont fort animées à certains jours ; en les parcourant, on rencontre encore des coins échappés aux embellissements. Diane de Poitiers a laissé dans ce pays dont elle était originaire par son père, le seigneur de Saint-Vallier, un souvenir vivant ; elle avait ici, au coin de la grande rue, un hôtel dont la façade sculptée est fort intéressante. Puis, si Montélimar n'a gardé de ses défenses que son château, elle a tenu aussi à laisser debout ses vieilles portes, et cela, avec ses églises à tour carrée, suffit pour lui conserver un parfum d'archaïsme! Même sans son nougat, Montélimar vaudrait une visite.

Mais le nougat, c'est Montélimar ! La riante ville et cette friandise semblent inséparables. Allons donc ensemble, si vous le voulez, dans une des fabriques, celle qui a bien voulu s'ouvrir pour moi, comprenant que je ne donnerai pas le secret du tour de main — si toutefois il y en a un.

Pour faire du bon nougat, il faut du bon miel et du bon sucre. Voilà tout le mystère; ajoutez-y beaucoup de soins, une propreté absolue, de la vanille, de la pistache, des pralines et les exquises amandes du pays, et vous en connaîtrez suffisamment pour parler nougat, pas assez pour en fabriquer industriellement comme le fait Montélimar depuis que le chemin de fer lui a ouvert des débouchés presque illimités. Savez-vous que l'on fait aujourd'hui à Montélimar 2,000 quintaux de nougat par année ?

Pendant que le miel, non un miel du pays, mais un miel du Chili, ayant l'avantage énorme de ne jamais fermenter, fond au bain-marie, remué sans cesse par une spatule tournante, le blanc d'œuf est mis à part et battu par une machine ingénieuse; il est ensuite versé dans le miel fondu où l'on ajoute encore du sucre, et l'on a une pâte d'un blanc éblouissant.

Durant la préparation de ce sirop, on a pris des amandes, achetées cassées, c'est-à-dire sans coque, pour éviter les frais de transport ; sauf les années mauvaises où il faut s'adresser à l'Italie et à l'Espagne, le midi de la France suffit à fournir Montélimar ; ces amandes, *blanchies* à l'eau bouillante, sont livrées à une émondeuse, machine constituée par deux cylindres, un en caoutchouc, l'autre en liège, qui vous les épluche avec une dextérité admirable ; jadis il fallait éplucher tout cela à la main ! De l'émondeuse elles passent à un tarare qui fait disparaître les pellicules ; elles sont séchées au four, et, au moment de s'en servir, chauffées de façon à ne point durcir la pâte dans laquelle on les jette avec des pistaches venues d'Afrique, d'Espagne et de Sicile, de la vanille venue de la Réunion et des pralines fabriquées à Montélimar — où les dragées sont encore un objet de grand commerce.

Maintenant nous avons une lave blanche, parfumée, délicieuse à voir et à sentir, autrement appétissante que la lave de Rochemaure ! mais ce n'est pas encore du nougat.

Sur une table à rebords on dispose de belles feuilles de pain azyme pour éviter le contact avec la table où le nougat se collerait, et on verse alors le beau sirop blanc. Il prend aussitôt de la consistance ; même, en hiver, il devient dur comme du granit et il faut se hâter de le débiter. Il ne reste plus qu'à présenter l'immense gâteau à une scie mécanique pour en faire les jolis morceaux si précieusement enveloppés dans des boîtes.

Naturellement, je vous parle ici du nougat pur sucre, pur miel et pur œuf ; il s'en fait aussi pour les « vogues » ou fêtes de village en Dauphiné et en Lyonnais, les foires et les petites épiceries, où la farine joue un grand rôle ; mais, à Montélimar, les huit fabriques se livrent surtout à la fabrication des nougats de choix, on peut en juger en visitant les énormes magasins remplis d'amandes, les caves pleines de fûts de miel et les précieuses réserves de vanille.

Un seul chiffre : Il faut chaque année 500 quintaux d'amandes à Montélimar et ce produit a valu 200 fr. les cent kilos. Il est tombé aujourd'hui de 100 à 120 fr., pour les amandes cassées.

C'est encore un beau prix ; souhaitons donc prospérité à ce doux commerce de douceurs, ce sera en même temps faire des vœux pour les populations riveraines du Buech et de la Durance, qui cultivent l'amandier !

Montélimar a deux rivières ou plutôt deux torrents, le Roubion venu de la vallée de Bourdeaux et le Jabron descendu des montagnes de Dieulefit. Ils se réunissent dans ses murs pour aller, entre des levées, apporter au Rhône de rares eaux en temps ordinaires, des flots furieux pendant les crues. Mais ces torrents et leurs affluents sont pour la ville et sa campagne la véritable source de prospérité, elles lui doivent de nombreuses usines et des irrigations abondantes qui ont transformé en champs fertiles une plaine naturellement aride.

Le Jabron surtout a un rôle industriel considérable ; dès sa source, près de Dieulefit, il fait mouvoir des usines et entretient la verdure des prairies. Aussi a-t-il une vallée peuplée où l'on a pu créer un petit chemin de fer à voie étroite dont le trafic est considérable.

La vitesse des trains n'est pas grande sur cette petite ligne vicinale : on met près de deux heures pour franchir les 29 kilomètres séparant Montélimar de Dieulefit. C'est encore un progrès sur les antiques patachés, et le touriste obligé de brûler quelques étapes ne se plaint guère de ne pas franchir le pays par les voies rapides. Commodément installé à la plate-forme d'un wagon, on voit se dérouler sous ses yeux les doux horizons de cet heureux coin du Midi.

Grâce aux torrents dont les eaux l'abreuvont, la Valdaine ou plaine de Montélimar est d'une opulence inouïe ; les céréales par leur vigueur rappellent les plus beaux champs de la Beauce ; les vignobles, préservés du phylloxéra par la submersion et entretenus avec un soin digne de la Bourgogne et du Bordelais, sont luxuriants. De belles villas, presque des châteaux, se suivent sur la route entourés de beaux parcs. Les mûriers dépouillés de leurs feuilles pour la nourriture des vers à soie contrastent avec cette splendeur par leur apparence de squelette. Viennent août et la nouvelle montée de sève, les arbres reprendront aussitôt leur vigoureux feuillage.

La plaine, avant les moissons, est vraiment superbe, grâce au cadre de montagnes bleuies par l'éloignement dont les formes heureuses se dessinent sur le ciel éclatant.

Après la zone des villas, c'est-à-dire lorsqu'on a quitté la banlieue de Montélimar, la plaine se révèle avec toute sa magnificence. Un ruisseau clair, aux eaux régulières, le Vermenon, atteint le Jabron après avoir irrigué des champs et fait mouvoir de belles usines. Autour du confluent c'est une mer de moissons ; grâce au soleil et à l'eau, les céréales poussent si hautes et drues qu'un homme disparaîtrait dans la nappe déjà dorée ondulant au loin sous la brise. Les lignes des hauteurs voisines forment un cadre charmant à ces richesses agricoles. Les villages furent tous des forteresses, ils couronnent encore les sommets, très fiers et pittoresques. Puygiron avec les tours ruinées de son château et la tour carrée de son église surmonte un mamelon verdoyant. Le site répond bien à ce nom féodal. Au fond, sur une colline plus haute, apparaît une autre forteresse en ruines.

La route suivie par la voie ferrée décrit autour de Puygiron une grande courbe et montre sous divers aspects ce beau site. Les deux tours paraissaient tout à l'heure isolées et l'on s'aperçoit qu'elles sont reliées par une courtine ; à l'intérieur est une tour moderne surmontée d'une balustrade à jour ; l'église, elle-même, avec ses deux tours d'angle et son haut clocher carré, a des allures de citadelle antique.

Dans la Valdaine on est déjà en plein Midi, partout où les végétaux de la flore de Provence trouvent un peu d'abri contre les vents du nord, ils poussent avec une vigueur étonnante. Auprès d'un mamelon isolé portant la Bâtie-Roland, les buissons sont remplis de grenadiers sauvages dont les pousses rouges et les fleurs écarlates tranchent vigoureusement sur le vert des aubépines.

A cette marche entre le Dauphiné et la Provence, entre le Dauphiné favorable à la réforme et le Midi catholique, tous les villages se sont construits sur les hauteurs, à l'abri d'un château. Puis, lorsque la pacification s'est accomplie, surtout quand les grands chemins, négligeant les faîtes, ont été construits, les populations sont peu à peu descendues, chaque bourg a vu créer à ses pieds un faubourg où toutes les industries vivant de transports se sont établies : auberges, épiceries, boulangeries, charronnages, maréchalerie, ont bordé la route. Ainsi l'on traverse le bas de la Bâtie-Roland, quartier très propre et gai, dont les maisons sont tapissées de vignes, de glycines, de figuiers et de jasmin. Sur les trottoirs sont alignées des caisses de laurelles ou lauriers-roses.

Plus haut, sur le mamelon, le vieux village aux fenêtres à croisillons avarement percées dans des murs gris, une chapelle romane à demi ruinée et une vieille tour. De ce bourg à demi désert on commande l'immense horizon de la Valdaine jusqu'aux montagnes calcaires aux immenses escarpements interrompus par d'étroites brèches où débouchent les torrents. Les trois pics de Rochecourbe paraissent planer sur l'ensemble de falaises et de pics dont se hérisse le massif.

Insensiblement la plaine s'élève, la route rejoint les bords du Jabron et se dirige vers une petite ville curieusement groupée sur une colline placée en avant de la plaine comme une avancée des monts. C'est Châteauneuf-de-Mazenc, encore un bourg double. Le château qui lui a donné naissance fut un des plus puissants de la Valdaine, le plus important sans doute, car il commande le défilé par lequel le Jabron débouche dans la plaine.

De ce château fameux dans l'histoire du Dauphiné par la captivité de l'évêque de Valence, du prince d'Orange et du comte de Valentinois, les trois plus grands personnages de la contrée mis à rançon par les Armagnacs à la fin du xiv° siècle, il ne reste plus que d'informes débris épars dans un bois de sapins. Au-dessous de ces ruines s'est édifié le château de Vissac dont les tours ont été décapitées.

Châteauneuf reste endormi sur sa colline, la vie s'est portée au-dessous, à la jonction des routes de Nyons à Crest et de Montélimar à Dieulefit. C'est un quartier très vivant, appelé la Bégude comme tant d'autres hameaux du Sud-Est nés sur les grands chemins. La Bégude est en fête, c'est le jour de la première communion, les enfants descendent de l'église, les fillettes vêtues de blanc, les garçonnets singulièrement coiffés d'une sorte de couronne verte d'une forme indescriptible.

Autour du village, sur des pentes bien abritées, sont des vergers d'oliviers vigoureux et bien soignés. Leur présence est faite pour surprendre ceux qui ajoutent foi à la délimitation officielle de la zone de l'olivier par le défilé de Donzère. Sans parler des deux ou trois arbres croissant vers Tain et Tournon, on peut tracer la limite de l'olivier, sur la rive droite du Rhône au confluent de l'Ouvèze et, sur la rive gauche, au thalweg du Jabron. Peut-être même en découvrirai-je plus au nord dans la Valdaine, au pied des collines de Marsanne, si admirablement exposées aux chauds rayons du Midi.

XVII

DIEULEFIT ET LA FORÊT DE SAOU

Les gorges du Jabron. — Poët-Laval et ses potiers. — Dieulefit.
— Un dicton malheureux. — La ville, ses usines, la poterie.
— Bourdeaux et ses ruines. — Saou et son abbaye. — La
forêt de Saou.

Col de Rousset, juin.

Châteauneuf-de-Mazenc barre l'entrée des gorges du Jabron et du bassin si bien fermé de Dieulefit. A peine a-t-on quitté la Bégude et l'on se trouve dans un défilé assez large et verdoyant, entre de hautes collines boisées d'où surgissent de beaux escarpements calcaires. Ces roches ont valu au village de la base le nom de Souspierre. Le Jabron côtoie la route, ses eaux claires roulent sur un lit de gravier, entre de vigoureux peupliers, au pied d'une falaise surmontée d'un débris de donjon; elles font mouvoir les machines de deux fabriques de chapellerie. Bientôt, la végétation change, les châtaigniers apparaissent; parmi ces arbres est le hameau du Bridon, que fait vivre une petite fabrique de draps. Jusqu'au delà de

Dieulefit, nous trouverons ainsi de petites manufactures.

Au Bridon, les hauteurs s'écartent pour former un ample bassin. Les bois sont maigres sur les pentes, les taillis masquent imparfaitement le rocher, mais l'ensemble de ce vaste cirque est charmant.

L'industrie est de plus en plus active; maintenant voici des poteries, petits établissements très nombreux qui alimentent une grande partie du Dauphiné jusqu'à Grenoble, de la Provence, du Vivarais et de l'Algérie. Chaque village a quelques ateliers, mais Poët-Laval et Dieulefit en possèdent en plus grand nombre. L'aspect de ces poteries échelonnées sur la route, avec les grands tas de bois servant à la cuisson, est fort pittoresque, mais bien plus pittoresque encore est le double village de Poët-Laval. Le vieux bourg est juché au sommet d'un mamelon couronné par une tour carrée recouverte d'un toit de tuiles rouges. Un rempart flanqué de tours ceint encore la bourgade féodale.

La gare du petit chemin de fer est au pied du mamelon, dans un faubourg prospère, formé de grandes et belles habitations. L'antique village doit être dépeuplé, car la mairie et le temple protestant sont venus s'installer dans ce quartier nouveau appelé Gougne. Près du primitif Poët-Laval, un grand couvent s'est assis, comme pour protester contre cet abandon.

La petite station a, sur des rails de garage, plusieurs wagons chargés de caisses à poterie. La voie ferrée a beaucoup amélioré les conditions d'existence de cette industrie ; jadis, le transport à la gare de Montélimar coûtait 8 fr. par tonne, le prix est aujourd'hui de 1 fr. 50 c., aussi les potiers du Jabron voient-ils un peu revenir la clientèle.

Au delà de Gougne, un détour de la voie ferrée présente Poët-Laval sous un aspect plus curieux encore, avec ses murs gris, comme calcinés par le soleil, et l'on découvre en entier tout le vaste cirque de Dieulefit, aux pentes abruptes, mais très boisées. Le pays est animé, grâce aux poteries qui se succèdent maintenant sans interruption jusqu'à la ville. Le territoire de Poët-Laval en compte une vingtaine, il y en a trente sur celui de Dieulefit.

Rapidement, le train monte et descend les pentes, entre les poteries où l'argile grise est mise en pains sur les murs ; de petites usines : draperies, moulinages, etc., se succèdent sur les bords du torrent. De curieuses falaises de terre jaune bordent la voie, les pluies les ont érodées, en ont façonné des lambeaux, un de ceux-ci est devenu une aiguille sur laquelle un arbre est resté, gardant du gazon à ses pieds. Au delà de cette bande de terres jaunes s'étendent des cultures admirablement irriguées. Les maisons sont belles et entourées d'arbres fruitiers, elles alternent avec les usines jusqu'à une jolie avenue plantée d'une quadruple rangée de vigoureux marronniers. Nous sommes à Dieulefit.

Vous n'êtes pas sans avoir entendu, aux tables d'hôte des petites villes, les voyageurs de commerce faire de classiques plaisanteries sur les Marseillais et les noms des centres où les conduisent leurs affaires. Une des plus fréquemment répétées est celle-ci :

DIEU LE FIT ET LE LAISSA

parce qu'il trouvait son œuvre manquée !

Naturellement, ceux qui jouissent le plus de ce jeu de mot prestigieux ne sont jamais venus à Dieulefit, autrement ils ne dédaigneraient pas ainsi une des plus jolies villes des Alpes françaises, une de celles qui sont le plus à la hauteur des progrès modernes. Si Dieulefit ne possède pas des ouvriers en nombre aussi considérable que Romans et Valence, il est bien certain que, proportionnellement à sa population, c'est la ville la plus active et la plus industrieuse de la Drôme. Ses filatures et ses moulinages de soie, ses deux fabriques de draps, son essence de lavande ou huile d'aspic, ses récoltes de truffes, enfin, ses poteries en font un centre intéressant et prospère. Des rues propres, d'abondantes fontaines qui répandent partout la fraîcheur, enfin la lumière électrique, partout employée, témoignent d'un souci profond du bien-être et de l'hygiène. L'électricité fut installée dès 1887, au moyen d'une transmission à grande distance, commune aux deux villes de Dieulefit et de Valréas (Vaucluse), éloignées de 24 kilomètres, mais exploitant ensemble une chute d'eau sur le Lez. Moyennant 15 fr. par an, chaque maison reçoit à discrétion l'eau dans son intérieur. Ces progrès, chose plus curieuse encore, sont très bien accueillis; lorsque la lumière électrique apparut, les demandes de concessions furent si nombreuses que le maire, M. Ch. Noyer, dut prendre un secrétaire spécial et celui-ci est devenu, par la pratique, un très habile ingénieur électricien.

Cependant, la concurrence avait menacé la poterie, principale industrie de la ville; d'ailleurs, elle était restée trop primitive, trop à l'écart des énormes progrès de la céramique, ses vernis à base d'alquifoux, c'est-à-dire de plomb, étaient dénoncés par les hygiénistes, en même temps que leur tendance à s'écailler et à laisser les vases s'imprégner d'odeurs de « graillon » éloignait les ménagères. Ces produits communs ne pouvaient lutter contre ceux, mieux fabriqués, du centre et de Provence. M. Noyer a résolu de sauver les potiers, il y arrivera; sur sa demande, des cours spéciaux pour les apprentis potiers et les enfants des fabricants sont faits à l'école industrielle de Dieulefit, largement établie et intelligemment dirigée. M. l'ingénieur Auscher, ancien chef de fabrication à Sèvres, a été appelé; il a étudié avec soin les procédés de fabrication et les matières premières, il a donné à ce sujet des indications précieuses que la municipalité a fait reproduire dans une brochure largement répandue.

La bande de terrains argileux fournissant, à Dieulefit et à Poët-Laval, la matière première de leur industrie affleure sur une longueur utile de 1,400 mètres, une largeur de 200 mètres et une épaisseur de 4 à 8 mètres. M. Auscher évalue à 3,500,000 mètres cubes la quantité de terre facilement exploitable, analogue aux fameuses terres réfractaires de Bollène; il semble donc que, longtemps encore, les potiers pourront puiser dans cette immense réserve; mais s'ils ne se décidaient pas à lutter contre la faïence cuite à haute température et les diverses variétés de grès et de porcelaines, on verrait bientôt cette richesse rester inexploitée. D'après les résultats des recherches faites autour de Dieulefit, le sable et la craie abondent et il serait facile d'obtenir des produits plus résistants au feu et de plus grande valeur. A en juger par l'esprit d'initiative de la population, ces changements dans les coutumes se produiront bientôt.

Il faut le souhaiter, parce que l'industrie, telle qu'on la rencontre tout le long du Jabron, depuis la gorge de Souspierre jusqu'aux limites du bassin, est le type idéal du travail usinier aux champs. Pas de grandes casernes : de petites manufactures éparses dans les arbres au bord du torrent ; la force motrice abondante, les moyens de transport à portée, puisque le chemin de fer quitte volontiers la route pour aller chercher un trafic assez considérable : belle pierre de Puygiron, produits agricoles, poterie, articles manufacturés.

La ville de Dieulefit ne comprend guère qu'une longue rue de plus de 2 kilomètres, disposée en forme de V très évasé, sur le haut Jabron et son premier affluent, le ruisseau des Raymonds, plus abondant que lui et alimentant les usines. Elle a peu d'édifices, le plus remarquable est un bel hôtel de ville moderne. Elle semble être descendue dans la vallée, car la ville haute, faite d'étroites, tortueuses et rapides ruelles, renferme de vieilles et curieuses maisons arc-boutées, étayées de contreforts, et l'église primitive, chapelle abandonnée, servant en quelque sorte de débarras, dont les voûtes à nervure et l'abside en cul-de-four ne sont pas sans mérite.

L'église moderne est sur la grande rue dont la sépare une place, c'est un bon pastiche roman ; lorsqu'elle sera terminée, elle s'harmonisera bien avec le décor vieillot de la place, la sérénité du ciel et l'âpreté des montagnes.

Telle est cette petite ville dont grande partie des 4,300 habitants sont protestants ; son rêve est de devenir ville d'eaux. Elle possède trois sources, découvertes en 1749 par un médecin d'Avignon nommé Possaim et exploitées pour les maladies bilieuses et les affections de la peau. On les tenait alors pour analogues aux eaux de Vals. Aujourd'hui, elles ont à peine un usage local.

Dieulefit était une simple étape pour cette partie de mon voyage ; j'y ai passé la nuit et, ce matin, profitant de la voiture qui porte le courrier à Bourdeaux -- dont le conducteur est promu à cette dignité depuis peu de temps, son prédécesseur, entrepreneur des petites diligences locales, a été élu député, — j'ai pris le chemin de la forêt de Saou. On traverse la ville, puis on s'élève au-dessus de la gorge du Jabron, remplie de petites fabriques de draps. La pente est raide, le paysage sévère, mais les lignes en sont belles. La chaîne de montagnes qui ferme le bassin présente de beaux sommets, comme la pyramide de Montmirail, au pied de laquelle s'étend une verte vallée. L'omnibus monte lentement, aussi mettons-nous tous pied à terre pour prendre les raccourcis, sous un soleil déjà torride. En quelques minutes, on atteint un col d'où l'on aperçoit les grosses tours du château Morin, près de Comps. La route, parvenue au pied du roc des Crottes, se bifurque : à gauche, elle descend dans le bassin très vert de la Rimandoule, terminé par des gorges au delà desquelles on aperçoit la vaste étendue de la Valdaine jusqu'à Marsanne ; à droite, le chemin descend vers Bourdeaux.

Pendant que j'attends la patache du courrier achevant péniblement l'ascension, je jouis d'une admirable vue sur la haute ligne de montagnes fermant le bassin de la forêt de Saou et terminée par l'admirable pyramide de Rochecourbe. Entre celle-ci et le roc de Couspeau, dominant Bourdeaux, s'ouvre le col de la Chaudière, un des mieux dessinés des Alpes, le chemin de Bourdeaux à Saillans le franchit à 900 mètres d'altitude entre des cimes aiguës qui le dépassent de 700 mètres.

Maintenant, la route décrit des lacets sur un plateau accidenté, assez vert, au pied duquel naît le torrent de Rimandoule ; un instant on aperçoit, à gauche, le château de Saint-André, en vue duquel la route se bifurque de nouveau ; on tourne à droite et l'on découvre soudain, à une grande profondeur, la petite ville de Bourdeaux, assise sur les deux bords du Roubion, dans une vallée assez large, semée de mûriers. Au delà, sur deux monticules, sont les ruines du château de Mornans et celles du pauvre village de Bezaudun, détruit par un glissement de la montagne. Les ruines de Bourdeaux, plus imposantes encore, accroissent la majesté de la scène. Les belles formes des montagnes, la végétation du fond de la vallée, l'âpreté des hautes cimes donnent au paysage un superbe caractère.

La colline est presque à pic, il semble qu'on va tomber sur Bourdeaux. On y descendait jadis par un chemin direct, étrangement pierreux, les mulets seuls pouvaient s'aventurer sur une telle voie. Aujourd'hui, une route aux grands lacets conduit par les pentes nues et tristes et bientôt on atteint, au grand galop, l'étroite rue de la rive gauche du Roubion.

C'est une singulière ville ce Bourdeaux, si l'on peut appeler ville la réunion des demeures où moins de 1,300 habitants occupent les deux rives du torrent et les flancs escarpés des trois castels qui valurent à Bourdeaux le nom de *Bourdeaux-Trois-Châteaux*. Les bas quartiers, avec leurs vieilles maisons fortes, leurs fontaines, leurs ruelles sombres, sont bien curieux déjà ; mais si l'on s'aventure plus haut, par la ville primitive, le spectacle est fantastique. Nobles demeures en ruines, masures croulantes, jardinets en terrasses, rues voûtées, passages sombres qui font songer aux villes italiennes, montent aux débris d'un des châteaux. Jusqu'aux guerres de religion, cette partie de Bourdeaux dut être prospère, on relève au passage plus d'un heureux détail de la Renaissance.

Le Roubion est déjà travailleur, il fait mouvoir les rouages de petites fabriques, filatures de laine pour Dieulefit, moulinages de soie. Les habitants font un commerce important de truffes : ce cryptogame abonde dans certaines parties du canton.

En route maintenant pour la forêt de Saou. On

suit les bords du Roubion, sans grand intérêt sauf en deux ou trois points où le torrent a singulièrement creusé son lit. Le village de Poët-Célard, couronnant un mamelon, égaie un moment les pentes, puis, au delà de Francillon, la vallée s'élargit et se resserre de nouveau pour se transformer en une gorge profonde, commandée par les ruines de Soyans. Quelques instants après, on atteint Saou, joli village très animé, aux auberges excellentes, bâti au pied d'une des falaises de ceinture de la forêt de Saou.

À peine le déjeuner expédié, nous étions en chemin pour la « forêt ». Le trajet est exquis. Saou fut le siège d'une abbaye fameuse dont les bâtiments sont encore debout, majestueux, donnant une haute idée des moines de Saint-Tiers.

À la sortie du village se dresse un grand rocher isolé, puis un élégant petit castel, le château d'Eurre, aux détails exquis. Le paysage s'agrandit, de toute part surgissent des rochers merveilleux de hardiesse, de forme, de couleur. Une arcade naturelle s'ouvre dans l'un d'eux ; sur un mamelon sont les ruines d'une forteresse qui devait garder le passage.

Une immense paroi rocheuse semble maintenant barrer le chemin, elle se dresse d'un jet à cinq cents mètres de hauteur, c'est une falaise de calcaire, blanche avec des taches jaunes. En face, une autre colline abrupte, moins haute mais non moins belle ; entre les deux montagnes, il y a juste le passage pour un ruisseau, la Vèbre, d'une limpidité merveilleuse. Il n'y a pas de place pour le chemin, il faut emprunter le lit de la Vèbre pour pénétrer dans le bassin par cet admirable *Pertuis de la forêt*.

La forêt de Saou, malgré son nom, n'est point une forêt, c'est un bassin fermé entre deux chaînes de montagnes espacées de deux kilomètres à peine de crête à crête et longue chacune de 12 kilomètres, orientées de l'est à l'ouest. A chaque extrémité, les chaînes se réunissent à des bornes immenses, Rochecourbe, haute de 1,592 mètres, à l'est ; Roche-Colombe, haute de 888 mètres, à l'ouest. Extérieurement, les pentes sont à pic, mais à l'intérieur du bassin elles descendent plus mollement jusqu'au thalweg de la Vèbre. C'est donc comme une corbeille gigantesque. Jadis très boisée, elle méritait le nom de forêt ; aujourd'hui, la grande végétation est rare.

Le charme du bassin est dû à l'extrême solitude dans laquelle on se trouve. A l'entrée du pertuis sourdent d'abondantes sources, sous les sureaux et les troènes grands comme des arbres. Le chemin se divise en deux bras, l'un, traversant un petit espace plat et cultivé, monte vers une brèche très caractéristique appelée le Pas-de-Lauzun, d'où l'on peut descendre à Aouste. L'autre, plus long, remonte la Vèbre, presque sans eau dans cette partie supérieure de son cours. La végétation est maigre, mais, au-dessus, le ciel d'un bleu profond semble emprisonné entre la lèvre des montagnes. Des aigles planent là-haut, leurs grandes ailes décrivent des cercles étendus. Ces oiseaux de proie animent seuls ce désert. Jadis, dit-on, les lynx étaient nombreux, mais, depuis soixante-dix ans, on n'en a plus rencontré.

Peu de cultures, pas de hameaux dans cette étrange vallée. Cependant, voici une maison de garde, près d'une fontaine, puis une grande construction qui tient à la fois de la villa italienne et du château. Cette belle demeure, entourée de parterres et des beaux arbres d'un parc, a appartenu à Crémieux, le grand orateur. C'est comme la capitale de cet étrange petit monde si complètement fermé.

L'impression serait plus heureuse si les eaux étaient moins rares dans l'intérieur de la *forêt* et permettaient de créer des prairies qui donneraient un aspect pastoral. L'admiration ne va pas sans un peu de malaise devant cette nature grandiose, mais trop sévère et silencieuse. Aussi,

lorsqu'on se retrouve au Pertuis de la forêt et qu'on découvre le grand horizon de Saou et de Soyans au delà des fantastiques rochers où la Vèbre se fraie un passage, on a une sensation de délivrance. La forêt de Saou, par sa tranquillité trop absolue et ses barrières trop hautes, répond assez à l'idée qu'on se fait de la Thébaïde, d'après la *Vie des saints*.

A Saou, j'ai trouvé une voiture qui m'a conduit à Crest. Le chemin passe au pied de Roche-Colombe pour aller atteindre la grande route et descendre avec elle vers la Drôme. Les petites montagnes traversées sont assez accidentées, peuplées et peu fertiles, mais lorsqu'on est en vue de la Drôme et du haut donjon de Crest, le paysage s'anime, la campagne se couvre de fermes nombreuses ombragées de noyers et entourées de mûriers.

Voici la ville de Crest, j'ai la chance d'arriver quelques minutes avant le dernier train pour Die, je pourrai donc aller coucher ce soir au col de Rousset et, demain, traverser le Vercors.

XVIII

LE VERCORS

Les ours de Romeyer. — En route pour le col de Rousset. — Chamaloc. — Ascension nocturne. — Passage du tunnel. — La vallée de la Vernaison. — Le Vercors et ses forêts. — Saint-Aignan et la Chapelle-en-Vercors. — Les grands et les petits goulets.

Pont-en-Royans, juin.

Je suis arrivé à Die à 6 heures et demie. En cette saison, la nuit ne sera guère complète avant 9 heures du soir. Je puis donc espérer faire l'ascension du col du Rousset et atteindre le refuge à une heure pas trop tardive. Je comptais accomplir la course à pied, mais un ami de Die a cru à une gasconnade et il a commandé une voiture pour me conduire au col. Il m'attend à la gare et cherche à calmer mon indignation bien légitime en me parlant de la longueur du trajet et me faisant un effrayant récit des apparitions d'ours venus de la vallée de Romeyer. Depuis le temps où Louis XI, encore dauphin, faillit être mangé par un de ces plantigrades dans la vallée de

Quint, les histoires les plus fantastiques courent sur ces animaux.

Récemment, un habitant du Vercors, ayant bu quelques verres de vin blanc à Chamaloc et faisant l'ascension du Rousset, vit une forme lourde apparaître sur la route. Il crut à un frère en Bacchus et alla vers lui; en approchant, il sentit une chaude haleine, pendant qu'une lourde patte s'appuyait sur son épaule. Dégrisé subitement, il reconnut Martin et redégringola éperdument sur Chamaloc.

— Voilà ce qui vous attend! me dit mélodramatiquement mon ami — comme si j'avais bu du vin blanc de Die!

Un autre Diois appuya, il fit une charge à fond de train contre l'administration des forêts, l'accusant de conserver les ours au lieu de les détruire, sous prétexte que ces bêtes sont herbivores, ne font de mal à personne et, par l'effroi qu'elles causent, préservent les vastes forêts du Vercors des déprédations des hommes et des animaux.

La conversation dura longtemps, bref, il était 7 heures et demie et je n'étais pas encore parti. Cette fois, la voiture était nécessaire si je voulais arriver avant l'aurore. Il y a 20 kilomètres de route, dont 13 toujours montant à partir de Chamaloc. Et je me résigne à prendre place sur une sorte d'araignée à deux places. Je serre la main à mes obligeants compagnons et nous voici en route. Un peu après la gare on tourne à droite pour suivre un chemin étroit, bientôt très rapide, montant entre des mûriers pour redescendre dans la vallée de la Comane, près des ruines d'une église. On s'engage alors dans les gorges parcourues par le torrent. Les montagnes sont déjà hautes de chaque côté, mais leur aspect n'a rien de bien grandiose, de maigres taillis couvrent par place le mont Chabraret à droite, le mont de Baise à gauche. On court au pied de ce dernier et l'on arrive en vue de Chamaloc, joli village relié, par de rudes sentiers, avec la vallée de Marignac d'où l'on peut atteindre le val de Quint et la vallée fameuse de Romeyer, aux sombres forêts de sapins abritant les ours farouches dont on m'a menacé. La nuit vient et déjà, dans la gorge profonde du ruisseau de Bergus, descendant du col de Romeyer, l'obscurité semble complète, tant est noir l'abîme d'où montent des vapeurs bleuâtres.

Chamaloc est traversé, le conducteur du véhicule, fouettant mollement son cheval, me montre, au-dessus de nous, à près de 1,000 mètres, une immense muraille en forme d'entonnoir ébréché et tapissée de forêts de sapins d'où émergent, par place, des pans de rochers. C'est haut, bien haut, mais, en somme, pas très loin, à en juger par la netteté des détails, malgré le crépuscule. D'un coup d'œil sur la carte, je compte quatre kilomètres, en voilà pour une heure et demie.

— Une heure et demie ! riposte le cocher. Nous serons bien heureux d'arriver dans trois heures.

Je regarde de plus près ma carte et, cette fois, je distingue le ruban blanc des innombrables lacets de la route. Douze kilomètres nous restent à faire avant d'atteindre le tunnel.

La route gravit maintenant la rive droite de la Comane et monte, par de fortes rampes, au flanc d'un contrefort du But-de-l'Aiglette, haut de 1,505 mètres, qui ferme un des côtés de l'entonnoir, face au But-Sapiau, haut de 1,620 mètres. Dominant le ravin profond de la Comane, on s'élève, en trois kilomètres, de près de 300 mètres seulement. Désormais, il faut développer les neuf lacets de plus en plus longs qui permettront d'accéder au sommet. L'ombre se fait épaisse ; on est au fond de l'abîme, les pentes, d'un noir d'encre, ne se devinent qu'aux buées pâles s'élevant au-dessus des sources et prenant une apparence phosphorescente. Là haut, bien haut, comme à la margelle d'un vaste puits, apparaît le ciel tout constellé d'étoiles dont l'éclat est d'une vivacité extrême.

Le conducteur m'indique, fauve entre des broussailles, une sorte de piste rocailleuse montant directement vers le sommet de la montagne. C'est l'ancien chemin suivi par les piétons et les mulets, il raccourcit la distance de plus de moitié. Cette sorte d'échelle de rocher, ravinée par les pluies, ne me dit rien qui vaille, je préfère la route avec ses lacets, mais douce au pied, son ruban blanc montant lentement. Je vais ainsi aux côtés du cheval qui tire, sans se presser, le frêle équipage trop lourd encore à son gré, mais, au deuxième contour, je me lasse de cette promenade dans la nuit, sans distinguer autre chose que le lambeau de chemin déroulé à quelques pas et me résous à emprunter la traverse. On ne peut se méprendre sur le couloir et, en quelques instants, on retrouve la route où l'on ne l'aurait atteinte qu'après une demi-heure de marche. A chaque point d'intersection je m'assieds pour admirer cette solitude prestigieuse. Aucun bruit autre que le frôlement de la roue sur le macadam et le pas saccadé du cheval venant de loin, bien loin encore ; la lanterne paraît ou disparaît suivant les accidents du terrain.

A des profondeurs qui semblent fabuleuses, quelques lumières signalent Chamaloc, plus loin encore, dans la vallée de la Drôme, d'autres lueurs de plus en plus rares à mesure que la nuit avance.

Je suis resté longtemps à rêver à l'un des détours. Cinq fois déjà le sentier a coupé le chemin. Machinalement, au lieu de monter par le raccourci, j'ai suivi le blanc ruban qui me conduit longtemps à l'opposé du col, comme si l'on devait atteindre le But-de-l'Aiglette. L'erreur est fâcheuse, car c'est le plus grand lacet de la route, je ferai trois kilomètres au lieu d'un entre l'abîme profond peuplé de sapins aux cimes immobiles et les parois, qu'on devine immenses, des rochers de Chironne. J'attends la voiture, elle vient lentement et nous achevons côte à côte l'interminable lacet. Le conducteur désigne, de son fouet, une ligne d'éboulis et, au-dessus, la tache blanche d'une maison, c'est la fin de notre voyage pour ce soir, trois lacets plus courts nous amènent devant l'orifice sombre du tunnel de Rousset. Proche est la maison du cantonnier.

Mais il est onze heures, tout le monde dort, longtemps il faut frapper aux portes et aux fenêtres, enfin une lumière filtre à travers les volets, un pas se fait entendre et une jeune fille vient ouvrir. On est peu habitué à ces tardives arrivées de touristes au refuge du Rousset, aussi la surprise est-elle vive d'entendre à cette heure réclamer des lits et une collation. En un instant, un feu vif et clair est allumé, l'eau bout dans la

bouilloire, du fromage, du vin, un grog et nous pouvons aller dormir dans les chambres très propres de la maison cantonnière. Il est convenu avec le cocher qu'il me conduira jusqu'à la Chapelle-en-Vercors.

Au jour, j'étais debout et sortais sur la terrasse établie devant la maison. La vue, immense, n'est arrêtée que par les montagnes de Saou et de Bourdeaux. Le ravin de la Comane, par lequel nous sommes montés cette nuit, se creuse profond entre les hautes cimes, les lacets de la route ressemblent ainsi à un ruban capricieusement déroulé. Mais l'ensemble est plutôt sévère, ce n'est pas le paysage heureux que je rêvais hier en faisant l'ascension.

La maison du refuge a été détruite il y a quelques années par un éboulement dont les traces sont très apparentes encore, on l'a reconstruite plus près du tunnel, sa terrasse est à 1,841 mètres au-dessus de la mer, à 1,000 mètres environ au-dessus de la Drôme coulant au fond du vaste bassin.

Après un déjeuner rapide, nous disons adieu à la famille du cantonnier et nous dirigeons vers le tunnel. De grands troncs de sapins sont entassés au bord de la route, ils ont été amenés là par les habitants du Vercors. Pour eux, cet orifice du souterrain est la limite des affaires, les bois sont vendus livrés à la sortie du tunnel où les charretiers de Die viennent les prendre pour les conduire au chemin de fer.

Le tunnel est long de 600 mètres et évite à la

route le passage par le col, ouvert à 80 mètres plus haut seulement, mais de difficile accès et encombré par les neiges pendant de longs mois. Cette galerie étroite et humide produit une impression de tristesse. Dès la sortie, on a sous le yeux un des plus admirables tableaux que puissent offrir les Alpes françaises. Tout l'immense bassin bordé de belles montagnes boisées, au fond duquel coule la Vernaison, apparaît aux regards. C'est le Vercors.

De toutes les vallées dauphinoises à qui leur isolement a valu un nom particulier en faisant géographiquement un monde bien à part, le Vercors est une des plus isolées, la plus fermée peut-être ; on n'y pénètre que par des cols élevés ou des gorges jadis inaccessibles.

Ce nom de Vercors a été étendu à tout le puissant massif calcaire tombant sur la plaine du Rhône vers Chabeuil, et la vallée du Drac vers Vif, entre l'Isère et la Drôme. D'une façon plus précise, on ne devrait comprendre sous ce nom que le cours de la Vernaison jusqu'à l'entrée des Grands-Goulets et les deux immenses plateaux boisés qui bordent cette vallée centrale : la forêt de Lente finissant, par de grands escarpements, sur le bassin de la Lyonne en Royannais, et la forêt de Vercors que limite la chaîne d'immenses rochers allant de la Grande-Moucherolle au mont Aiguille. Ces plateaux sans eaux courantes, où de rares fontaines sont rapidement bues, où des gouffres, appelés *scialots*, reçoivent toutes les eaux pluviales pour les restituer au fond du bassin sous forme de sources abondantes, sont peu explorés. Les routes et même les chemins y sont rares, sans les maisons forestières et quelques « jasses » ou bergeries, on ne rencontrerait pas de traces de l'humanité. Aussi, les promenades dans ces solitudes boisées, si profondes, sont-elles difficiles sans guide. Une seule partie présente des habitations nombreuses ; c'est, au sein du plateau de Lente, le territoire de Vassieux, où des cultures assez étendues et de vastes pâturages se sont créés au détriment de la forêt. Dans ce bassin fermé du Vercors, le plateau de Vassieux constitue, à plus de 1,000 mètres d'altitude, un autre bassin bien caractéristique.

En dehors du bassin de Vassieux, le Vercors habité est fort simplement disposé ; c'est une longue et étroite vallée à deux versants, parcourue au nord par le Buez qui arrose les communes de Saint-Julien-en-Vercors, au sud, par la vallée bien plus longue de la Vernaison appartenant aux deux communes de Saint-Aignan-en-Vercors et de la Chapelle-en-Vercors. Les deux vallées sont dans le même axe et occupent du nord au sud une longueur de 20 kilomètres. A leur point de jonction, le cours d'eau formé par leur réunion et qui garde le nom de Vernaison se jette à l'ouest pour aller gagner la Bourne.

Dès la sortie du tunnel de Rousset, on reconnaît cette disposition du pays, l'immense couloir se perd au loin, admirablement boisé de hêtres et de sapins sur les pentes. La route débouche dans la forêt et s'engage dans les grands arbres. Le sous-bois est fleuri d'ancolies, de silènes, de myosotis, de chardons d'un rouge éclatant, de grandes marguerites, d'églantines embaumées aux couleurs variées et de bleuets géants. Quand on a laissé, à gauche, la route de Vassieux, on descend, par de grands lacets, jusqu'au fond de la vallée où la Vernaison prend sa source, d'autres lacets mènent au pied de la chapelle de Saint-Alexis, entourée de ruines grisâtres que l'on confond volontiers avec les roches voisines.

La vie recommence ici. A la jonction d'un petit vallon, un gros hameau s'est bâti, Rousset, dont le col porte le nom. Très propre, il n'a rien d'un village de montagne, les maisons, même les habitations isolées, sont solidement construites et couvertes en tuiles rouges. Malgré l'altitude de 916 mètres, les champs sont bien cultivés ; les femmes sarclent et binent les pommes de terre tout en surveillant le beau bétail paissant dans les prairies.

Au delà du village, je suis salué par le convoyeur qui fait l'échange des lettres entre le bureau de la Chapelle et celui de Die. Chaque jour il vient au col et remet les dépêches à une femme venue de Die et qui a su se plier à ce rude métier de monter tous les matins au refuge du Rousset. Ce porteur de dépêches a le regard très fier et très franc. Du reste, la race est superbe dans cette haute vallée, les faneurs qui travaillent dans les prés, au bord de la route, s'arrêtent en nous voyant passer, la plupart font, d'un geste bref, le salut militaire et reprennent la besogne un instant interrompue.

Les hameaux se font nombreux au pied de la montagne, c'est comme un collier de maisons réunies par un chemin en mauvais état, la route ayant voulu éviter les vallonnements incessants de la rive droite de la Vernaison. Le torrent est devenu assez abondant ; à la Britière, il fait mouvoir plusieurs scieries au-dessous de ce petit hameau, couronnant une falaise et dominé par une église. Le lit du torrent est barré par les rochers, souvent les eaux disparaissent. Sur une des bergea, le village de Saint-Aignan groupe ses belles maisons aux toits rouges, autour d'une tour carrée surmontée d'une flèche blanche et aiguë. En face, la montagne du Grand-Larve, admirablement boisée, sillonnée par une route forestière sur laquelle est une maison de garde d'un riant effet. Au-dessous, dans le val, est une vieille bâtisse coiffée d'un toit aigu, le Château-la-Tour.

Voici Saint-Aignan. On devine une commune riche, car elle possède de belles écoles, bien conçues, ayant de vastes cours, des jardins, un préau couvert. Quelques vieilles maisons à pignons, possédant des fenêtres à meneaux et couvertes en paille contrastent avec l'aspect jeune et pimpant de la plus grande partie du village. Cette commune de 900 habitants, dont 800 peut-être dans le bourg, possède le téléphone qui la relie à Romans et à Valence. Chaque commune du Vercors a voulu être raccordée au réseau.

La vallée, jusqu'ici assez large, se resserre et devient une gorge, la route abandonne la Vernaison qui coule à 760 mètres pour monter sur la large croupe où s'est construit le centre principal de la vallée, le gros bourg de la Chapelle. On traverse de beaux pâturages, où paissent les vaches dont le lait sert à fabriquer — comme au Villard-de-Lans — le fromage dit de Sassenage, bien que Sassenage n'en produise point. Le plateau terminal atteint 945 mètres, il est fort rocheux et pierreux. On ne s'expliquerait guère comment le plus grand centre de la vallée a pu s'y établir, si on ne savait que la Chapelle fut une ville romaine ; or les Romains choisissaient de préférence ces sites dominateurs d'où ils pouvaient surveiller le pays. Du reste, une petite montagne abrite la Chapelle de la « bise », vent du nord très glacial, non moins insupportable que le mistral.

La Chapelle possède encore les ruines d'un château. Ce bourg, bien bâti, d'aspect riant, deviendra sans doute un centre d'excursions. Les environs sont superbes et la grotte des Ferrières, remarquable par ses stalagmites, attire les visiteurs.

J'ai dit adieu à mon cocher, il retournera cet après-midi au col du Rousset avant de descendre à Die; je veux faire à pied la route de Pont-en-Royans par les gorges de la Vernaison.

Quelle joie de marcher à ces hauteurs, en vue des montagnes, d'ici modérées, mais si formidables vues de la plaine. La route monte, descend, contourne les mamelons et enfin atteint de nouveau la Vernaison devenue très abondante grâce aux eaux apportées par l'abondante source de l'Adouin alimentée par les *scialots* de la forêt du Vercors. Le torrent coule dans une fissure profonde, en un cirque étroit mais très vert où des restaurants sont établis, ce sont les Baraques ; là commence la merveilleuse descente des Grands-Goulets, un des sites les plus vantés des Alpes, un de ceux aussi qui ne laissent pas de désillusions.

Il est des gorges plus sombres, avec des escarpements plus puissants, des torrents plus abondants, mais aucune ne réunit ainsi, à un tel degré, tout ce qui fait la grandeur et la beauté du paysage. L'homme n'y a rien gâté, son œuvre, au contraire, a encore ajouté à la majesté de la nature. La route entre Sainte-Eulalie-en-Royans et les Baraques a respecté les lignes superbes de l'abîme et, par ses tunnels, ses galeries, ses corniches et ses ponts, a fait cette merveille que les touristes parcourent déjà par milliers chaque année.

Avant l'ouverture de cette route, le Vercors était fermé, pendant tout l'hiver surtout ; on ne pouvait alors atteindre la vallée que par des cols très élevés et longtemps envahis par les neiges, mais, dès 1843, on s'est mis à l'œuvre et, en moins de dix ans, le Vercors était enfin relié à

Pont-en-Royans par la route désormais fameuse des Goulets.

Le problème était difficile à résoudre. La Vernaison descend du Vercors par une fissure étroite, longue de 10 kilomètres et dans laquelle elle fait une chute totale de 400 mètres. A l'entrée et à la sortie, elle est enserrée entre d'immenses rochers à pic où il a fallu suspendre les ouvriers à des cordes pour entailler la pierre, ce n'est qu'au prix de formidables travaux qu'on a pu frayer le passage.

Aussitôt les Baraques dépassées, les clairs horizons du Vercors font place à l'abîme. Par des tunnels, des galeries, des encorbellements, on entre dans le couloir formé par la montagne de l'Allier et les rochers d'Échevis. La fissure est si étroite qu'à peine distingue-t-on le ciel, mince bande d'azur souvent masquée par les broussailles accrochées aux aspérités de la falaise. Un grand murmure monte dans la gorge, c'est la Vernaison qui se brise dans les rochers et forme d'admirables cascades. La plus grande de ces chutes, haute de 80 mètres, est une sorte d'escalier fait de roches moussues entre lesquelles passent les eaux écumeuses. A chaque instant un tunnel masque la vue, puis on se retrouve accroché au flanc de la montagne et de nouveau on voit, au fond de l'abîme, se briser la Vernaison.

Les falaises s'écartent et font place à un bassin vert, cultivé, rempli de prairies, de vignes, de mûriers, d'arbres fruitiers. Des hameaux, une église animent cette jolie conque dite d'Échevis. On y descend par de grands lacets pour rejoindre de nouveau la Vernaison, la traverser et aborder la seconde gorge, les Petits-Goulets. Ici, les falaises n'ont pas l'élancement superbe qu'elles présentent aux Grands-Goulets, mais il n'en a pas moins fallu trouer la montagne pour construire la route. Le site est déjà très beau.

La sortie est brusque ; sans que l'on ait pu le prévoir, on est tout à coup en pleine lumière, la montagne cesse, l'air jusqu'alors froid et humide, comme comprimé, devient plus libre et doux. La vallée est large, des vergers, des vignes, des noyers, des châtaigniers, des mûriers couvrent les pentes douces. Par la splendeur de la lumière et la végétation, c'est déjà le Graisivaudan, nous sommes dans une autre petite province du Dauphiné, le Royannais.

XIX

LE ROYANNAIS

Pont-en-Royans. — Les usines. — Tourneries de buis. — Le lac de la Bourne. — Saint-Jean-en-Royans et ses fabriques. — Saint-Nazaire-en-Royans. — Saint-Marcellin et ses fromages.

Saint-Marcellin, juin.

Moins jalousement clos que le Vercors, moins âpre aussi, le Royaunais n'en a pas moins sa physionomie bien à part et constitue dans la Drôme et l'Isère un district qui a su garder son caractère. Au nord et à l'ouest, les vastes plaines où coulent l'Isère et le Rhône, à l'est et au sud les vallées du Villard-de-Lans et du Vercors le délimitent nettement. A la création des départements, en l'attribuant par moitié à l'Isère et à la Drôme, on n'a pas rompu son unité. L'Isère avec le canton de Pont-en-Royans a pris la partie la plus accidentée, la Drôme a acquis la vallée principale de la petite province, celle où se presse le plus la population, c'est-à-dire le bassin de la rivière de

LE VERCORS ET LE ROYANNAIS.

D'après la carte de l'état-major au $\frac{1}{320,000}$.

Lyonne. La Bourne, principal cours d'eau de ces monts, forme la limite entre les deux cantons.

En sortant des Petits-Goulets la route continue à border la rive gauche de la Vernaison dont le lit est profond encore, mais le torrent assoupi sert à l'industrie ; on le traverse après un brusque lacet en vue de Pont-en-Royans. Ainsi vue à distance, la petite ville est d'un curieux effet, elle est comme collée à la montagne qui l'abrite du nord. Le soleil, chauffant sans cesse ces parois, a donné aux choses une coloration chaude, les toits plats semblent calcinés. Rien ne prépare cependant au spectacle extraordinaire qu'on éprouve en parvenant sur le pont au-dessous duquel, à cinquante mètres de profondeur, coulent les eaux blancs de la Bourne, entre deux parois calcaires à pic.

La ville s'est bâtie au-dessus de cette gorge ; l'espace manquant, on a gagné sur l'abîme au moyen d'échafaudages supportant la plate-forme des maisons. Ces bâtisses ainsi soutenues au-dessus de la rivière produisent un effet étrange, on trouverait difficilement ailleurs une ville construite de la sorte.

Malgré cette ingéniosité des habitants, Pont-en-Royans n'aurait pu s'agrandir ; cependant la population tenait à son rocher, d'ailleurs la situation de la ville pour extraordinaire qu'elle paraisse est favorable au commerce, les routes des vallées de la Bourne, de la Vernaison, de la Lyonne et de l'Isère s'y réunissent, les rivières assurent aux usines une force motrice considérable, enfin les touristes accourent chaque année. On a miné le rocher et gagné, en face des maisons suspendues sur la Bourne, la place nécessaire pour une rangée nouvelle. Pont-en-Royans a donc une rue, bien pittoresque encore, sur laquelle s'amorcent dans la partie basse d'autres rues très rapides. L'ensemble est d'une jolie mais bien petite ville, rendue vivante par le passage incessant des voitures et par l'industrie.

Pont-en-Royans est, en effet, un centre ouvrier assez important. De tous temps il a filé la laine et tissé le drap, aujourd'hui encore deux de ses usines fabriquent des draps pour l'armée ; les roches voisines sont remplies de buis dont les souches sont débitées et tournées dans de petites et pittoresques fabriques ; on y fait des toupies, des boules, des jetons ; le moulinage des soies y occupe beaucoup de jeunes filles. Enfin l'électricité y est produite pour la ville et les ateliers par une usine établie sur la Bourne. On ne peut trop admirer l'habileté avec laquelle les habitants ont tiré parti de leur situation, si peu propre, semblait-il, au développement des manufactures.

Le canal de la Bourne a amené pour Pont-en-Royans un embellissement heureux, par la création d'un lac soutenu par un barrage. Au lieu des eaux tumultueuses d'autrefois on a une nappe calme et limpide dans laquelle se mirent les maisons suspendues ; des barques, même des voiles animent ce bassin riant. Les eaux ont pu être surélevées de 10 mètres, le lac a donc une assez grande profondeur.

J'ai dit en parlant de la plaine de Valence[1] quel pourrait être le rôle de ce canal lorsque les préventions contre ses eaux auront disparu. Voici maintenant quelques chiffres sur les travaux superbes qui amènent dans la vallée du Rhône les ondes — trop claires, au gré des agriculteurs.

Le canal principal a 51,191 mètres et débite 7 mètres cubes à la seconde, plus que bien des rivières fameuses. Le barrage a une longueur de 71 mètres, on compte 12 tunnels et 4 galeries voûtées d'une longueur de 4,500 mètres, 4 ponts-aqueducs ayant ensemble 465 mètres et de nombreux passages de routes ou de chemins.

---

1. Pages 226 et suivantes.

L'eau sort du barrage par un tunnel et n'apparaît réellement au jour qu'à hauteur du village d'Auberives. Le chemin de Saint-Nazaire qui relie le Royannais et le Vercors au chemin de fer le côtoie presque sans cesse. La rivière, malgré cette saignée, roule ici encore des flots abondants. Au confluent avec la Lyonne, ses eaux sont fort accrues, le lit est large sous le pont original qui supporte la route de Saint-Jean-en-Royans, grand arc de fer soutenant le tablier au moyen de tirants de suspension faits de même métal.

Au-dessous est le port principal de la Bourne. La rivière n'est pas et n'a jamais été navigable, mais elle sert au flottage des bois des vastes forêts du Royannais. On forme des radeaux, de faible dimension car il y a de mauvais passages ; à l'Isère on les accouple et ils descendent ainsi jusqu'à Valence, Avignon et Beaucaire d'où, par les canaux, ils atteignent Cette.

J'ai traversé la rivière pour gagner Saint-Jean. La route parcourt un pays aux pentes modérées, très riche en vignes, mûriers et noyers. Ces derniers arbres sont particulièrement abondants ; comme dans la vallée de l'Isère, en certains points, ils donnent à la contrée l'aspect d'une forêt. Sans les hautes cimes fermant au loin les vallées de la Lyonne et du Cholet, on ne se croirait pas dans les Alpes, tant les campagnes sont déjà méridionales d'aspect. Beaucoup de fermes et de maisons isolées jusqu'à l'embouchure du Cholet, torrent clair et rapide descendu de la combe de Laval où ses sources jaillissant du rocher sont une des grandes curiosités du Royannais. On suit alors la Lyonne que l'on traverse près de Saint-Jean-en-Royans.

Cette ville compte environ 3,000 habitants ; elle est donc bien plus considérable que Pont, mais elle n'a point le caractère pittoresque de sa voisine. Largement étalée sur sa terrasse, au sein de la riche vallée, à 200 mètres d'altitude à peine, elle a pu tirer parti des eaux puissantes de son torrent. Les Lyonnais y ont installé quatre grandes usines pour le tissage des soies, occupant 445 métiers ; c'est, dans la direction du Midi, le point le plus éloigné où cette industrie se soit installée en grand. Des moulinages de soie, des scieries, des tourneries de bois complètent ce petit centre industriel appelé à se développer quand le chemin de fer projeté le desservira.

Toutes les communes du canton, au nombre de 11, sont tributaires de Saint-Jean ou lui fournissent le personnel de ses usines ; toutes aussi s'enrichissent par la culture du noyer et du mûrier ou par l'exploitation des bois. Pays agreste, il retient et captive le voyageur. Dans l'un de ses vallons latéraux, au-dessus du village de Rochechinard, est une des plus superbes ruines féodales du Dauphiné. Les autres vallées, Léoncel et Bouvante, sont de beaux couloirs de prairies bordées de pentes escarpées, noires de sapins et de hêtres et dominées par des escarpements tragiques.

J'ai dû dire adieu à ce riant pays de Royannais. De Rochechinard, où je suis monté visiter les ruines, un chemin mal entretenu conduit, à travers bois, à Saint-Nazaire-en-Royans, le dernier village portant le nom de la contrée. C'est une vieille bourgade, très grise, dominée par de grands rochers couverts de ruines où les travaux de l'homme ont réussi à embellir encore le paysage, grâce à l'aqueduc sur lequel passe le canal de la Bourne, un peu avant le confluent de la Bourne et de l'Isère. Saint-Nazaire a quelque industrie, elle possédait un tissage mécanique de velours aujourd'hui fermé; son importance est surtout due à la station du chemin de fer par où se font toutes les relations avec le Royannais, le Vercors et les montagnes de Lans. Les rivières coulent en des lits profonds, bordés de berges d'un rouge sanglant ou d'un blanc grisâtre. Le bourg, ses vieux édifices, les usines, l'aqueduc, puis, au fond, les rigides montagnes du Vercors, forment un tableau superbe.

Dans ce cadre, entre les falaises de terres aux teintes éclatantes, l'Isère, violente, aux eaux grises, dévore la Bourne transparente et calme. Au confluent se dresse un bloc d'un rouge fulgurant, un pêcheur au filet s'y est installé, près de son bateau, abrité dans une crique ; le paysage est d'une étrangeté imprévue après les douces campagnes de Saint-Jean.

Voici la gare, bientôt arrive le train qui me conduira à Saint-Marcellin, à travers l'opulente campagne où les noyers et les mûriers forment comme une forêt d'arbres alignés.

Vue du chemin de fer, surtout du viaduc qui franchit le ravin de la Cumane, Saint-Marcellin est d'un aspect fort méridional, presque italien, comme la plupart des bourgs et des villages de cette partie du Graisivaudan, grâce à ses toits rouges et plats, à ses murailles grises ou peintes. C'est une fort humble ville, peuplée de moins de 3,500 habitants, en cela inférieure à nombre de chefs-lieux de canton de la contrée, inférieure surtout à Romans, sa riche voisine. Elle occupe une position assez excentrique dans l'arrondissement dont elle est le chef-lieu. Les créateurs des divisions administratives sous la Révolution ont évidemment voulu conserver à Saint-Marcellin le rôle qu'elle eut en sa qualité de chef-lieu d'un bailliage.

Il y a quelques années encore, Saint-Marcellin avait gardé l'aspect de ces petites capitales de justices provinciales : on y pénétrait par quatre portes percées dans les murailles de l'enceinte féodale. Elle a jeté bas ces témoins du passé et a remplacé ses murs par de larges boulevards plantés d'arbres. Cependant on retrouve facilement le tracé de l'ancienne cité ; en face d'un palais de justice récemment reconstruit et de belles écoles, une tour découronnée surmonte une porte ; une autre tour carrée fait saillie sur la façade de maisons banales qui ont remplacé les remparts ; contre un mur on distingue encore les nervures d'un édifice ogival.

L'intérieur ne répond ni à ces restes, ni à l'aspect original de la ville vue de loin. Les maisons, pour la plupart, sont hautes, ternes et grises sous leur crépi et leurs contrevents. Mais la place publique ne manque pas de caractère avec ses antiques halles en charpente, la haute tour du collège coiffée en dôme, de vieilles maisons à encorbellement bordant de petites rues, un théâtre établi dans une ancienne église, un hôtel de ville surmonté d'une balustrade, une maison à pavillons, les autres avec de grands auvents composant un véritable décor d'opéra-comique. Derrière la place un vaste champ de foire ombragé de platanes superbes a vue sur des collines vertes ; au premier plan se dresse la masse régulière d'un château de la Renaissance, auquel des fenêtres à meneaux et de vastes combles donnent une pittoresque apparence.

Çà et là, quelques maisons d'assez noble aspect, qui furent habitées par la noblesse et la riche bourgeoisie provinciale. L'église est banale, mais elle possède une intéressante tour de pur style roman jusqu'à la première ligne de fenêtres, de style ogival primaire au-dessus ; plus haut règne un cordon de mâchicoulis, enfin, autour de la flèche, court une galerie ornée à chaque angle d'une échauguette carrée coiffée en pyramide.

Telle est cette petite ville à laquelle la Révolution donna le nom de *Thermopyles*, mais dont le vocable de Saint-Marcellin s'est conservé, sans doute par la célébrité de ses petits fromages de chèvre, qui sont parmi les meilleurs de la France entière. Le Saint-Marcellin est l'accompagnement obligé de tout fin repas au pays du gratin, mais il y en a peu. On le fabrique surtout sur les collines entre Tullins et Saint-Marcellin. Ce sont de petites *tomes* au grain fin et parfumé, fondant véritablement dans la bouche. Il s'en fait aussi un peu sur la rive gauche de l'Isère, même dans la haute et froide vallée de Rencurel[1].

---

[1]. J'allais quitter Saint-Marcellin pour le pays du Villard-de-Lans quand une dépêche m'a rappelé à Paris. Je comptais revenir bientôt, mais des mois sont passés avant que j'aie pu retourner dans la vallée de l'Isère et achever cette partie de mon voyage. — A.-B.

XX

LES QUATRE-MONTAGNES

Les dernières diligences. — Grenoble au matin. — Traversée de Sassenage. — La cascade du Furon. — Les gorges d'Engins. — Lans et les Quatre-Montagnes. — Villard-de-Lans. — Les gorges de la Bourne. — Rencurel et le col de Romeyère. — Traversée du Pas-de-l'Échelle. — Vue sublime. — Descente en Graisivaudan.

Vinay, 4 avril 1890.

Les voitures publiques ont dû se plier aux horaires des chemins de fer et aux nécessités du service postal plus qu'aux convenances des voyageurs. Chaque matin, parfois avant le jour, les trains apportent le courrier de Paris et aussitôt les carrioles, les omnibus et les diligences s'en vont répartir lettres et journaux dans les bureaux de poste. Pour les voyageurs descendus du train c'est un avantage précieux, mais le citadin obligé de se lever avant le jour apprécie moins cette rapidité. Comme ils geignaient ce matin, mes compagnons de route, levés avant le jour pour prendre la voiture de Villard-de-Lans ! Nous devions quitter Grenoble dès l'aube, il ventait froid, les cimes étaient couvertes de neige, on eût été si bien dans son lit! d'autant mieux que l'hiver revenait après une radieuse mais fugitive apparition du printemps.

En attendant le chemin de fer à crémaillère qui doit gravir les flancs des Quatre-Montagnes, le Villard-de-Lans n'a de relations avec le Graisivaudan que par les voitures publiques, diligences classiques ayant leur bureau dans un café où l'on s'inscrit sur un registre et dont le conducteur appelle les voyageurs par leur nom au moment du départ. Pendant l'été, de grands breaks d'excursion, appelés le « train de plaisir », remplacent cet équipage archaïque.

On devait partir à 4 heures et demie, il en est cinq quand la lourde machine s'élance au galop de ses trois chevaux. Le jour se lève, pâle, glacial. Depuis mon dernier voyage, Grenoble s'est bien transformé encore; de nouvelles et superbes maisons à quatre ou cinq étages bordent les avenues jadis vides. Les rues que nous suivons ont reçu les rails d'un tramway desservant Sassenage et Veurey. On franchit le Drac sur un pont de fer en treillis pour traverser la plaine de Fontaine. Dans les jardins, pêchers, cerisiers, amandiers sont en fleurs, contrastant avec l'atmosphère froide, avec les blancheurs neigeuses du Rachais, du Casque-de-Néron et des Trois-Pucelles. En quelques minutes nous atteignons Sassenage. La petite ville, que le tramway à vapeur vient de rapprocher du chef-lieu, se prépare à employer la lumière électrique. Un tuyau de fonte est placé aux flancs de la vertigineuse falaise qui domine la vallée, les eaux dérivées du Furon dans la vallée d'Engins descendront avec une force énorme et feront mouvoir les dynamos. Sassenage, à cette heure, est d'un calme exquis, on n'entend d'autre bruit que le murmure des fontaines coulant dans les vasques de pierre et les sonnettes de l'attelage. Trois chevaux de renfort ont été placés à la diligence.

A grand bruit de fouet et de grelots nous nous remettons en route ; le chemin est étroit, d'une déclivité extrême, taillé en corniche au flanc de la montagne. De l'impériale où je suis installé, on a une vue admirable sur le radieux paysage grenoblois, sur la plaine iseraine verte et fleurie enfermée entre ses monts calcaires, aux gigantesques parois, taillés en coupures grandioses. A mesure que l'on monte, entre des éboulis formidables, à peine entremêlés de quelques broussailles, ou longeant de vastes usines à chaux hydraulique, la vue se fait plus belle encore sur le massif de Belledonne et la Grande Chartreuse, sur Grenoble étalé entre ses puissantes rivières.

L'équipage, péniblement, hisse la diligence par les lacets sans fin de la route, stimulé à coups de fouet et par des objurgations spéciales à chaque animal. Les six bêtes ont un nom, à tour de rôle elles sont appelées pour éveiller l'attention :

— Hue, la Cantinière !
— Veille donc, Maréchal !

La Cantinière et le Maréchal n'en vont pas plus vite pour cela, ils gravissent à leur aise les pentes maintenant couvertes de vignes en hautins, bien soignées ; ils laissent de côté les travaux d'une route nouvelle qui adoucira les pentes en allongeant le trajet de 1,800 mètres et nous mènent jusqu'aux abords de la fissure profonde où le Furon se précipite. Près d'une petite chapelle construite sur un rocher et peinte à la façon italienne, *Notre-Dame-des-Vignes,* on domine de très haut le château de Sassenage si pittoresquement juché sur sa roche. Le grondement du torrent qui se brise remplit le paysage d'un puissant murmure. De la route même on ne distingue pas la cascade ; on voit arriver le torrent, furieux et limpide, pour se précipiter dans l'abîme. La gorge par laquelle il débouche est sévère, d'étroits chemins muletiers en gravissent les pentes ; sur la route, des chars portant des troncs de sapin sont conduits par des voituriers enfouis sous de grandes limousines et dont le sauvage aspect s'harmonise bien à celui du paysage. Le torrent et la route remplissent le fond de la gorge, la route gravissant des pentes régulières, le Furon descendant de chute en chute. A mesure que la route s'élève, le lit du Furon est plus profondément creusé, bientôt c'est une simple fissure où l'œil pénètre rarement jusqu'aux eaux écumeuses.

Le pays est désert; aux Brets on trouve enfin quelques maisons. C'est demain Pâques, on festinera dans les chalets de la montagne, aussi la diligence distribue-t-elle sur le chemin la viande commandée la veille à Grenoble. Au-dessus des Brets, on commence à trouver la neige; dans les endroits peu exposés au soleil elle forme des couches épaisses. Nous passons en vue du dangereux défilé du Pas-du-Curé qui conduit à Saint-Nizier. La route est ici creusée en encorbellement, les eaux qui suintent sans cesse du rocher ont formé de longues stalactites de glace, nous passons sous une véritable voute de cristal. Les rochers se font immenses jusqu'au hameau des Jaux, sous l'église d'Engins, où a lieu le relais.

Le village est sous la neige. L'air est très froid, je descends de l'impériale tout transi. L'auberge est accueillante ; sur le poêle, tout rouge, bout une odorante soupe aux choux et au lard, les soupières sont aussitôt remplies, tous les voyageurs sont

attablés. On arrose la soupe et le petit salé d'un verre de vin de la Tronche, on prend un café bien chaud. Nous voilà prêts maintenant à affronter les gorges d'Engins et les neiges du haut plateau de Laus.

« Le Furon est ici un ruisseau fort sage, il coule au pied de grandes parois calcaires, entre de jolies prairies et des bois de sapins. Les murailles de rochers s'entr'ouvrent parfois, présentant de superbes cirques comme celui où descend le ru des Merciers et un autre, plus grandiose encore, terminé par les plus hauts sommets du Moucherolle, (1,906 mètres) falaises calcaires dressées d'un jet.

Voici l'entrée des gorges d'Engins, d'une sauvagerie charmante ; les rochers à pic, aux teintes blanches, sont couronnés de sapins. Plus loin, les parois se resserrent, se creusent de fissures et de grottes profondes, des fontaines jaillissent à leur pied ; un rocher est à jour, formant un large tunnel. Pendant deux kilomètres la route court ainsi dans la coupure majestueuse, où des sources, d'étroites prairies, des sapins sur les sommets, enlèvent l'âpreté ordinaire des gorges rocheuses. A l'Olette (ou Lolettes) près d'une scierie, les murailles s'écartent et l'on voit s'ouvrir le grand bassin de Lans. A droite, une haute croupe couverte de taillis, semée à sa base des jolies maisons de l'Olette. A gauche, sur une colline isolée, autour d'une église à flèche trapue, se groupent les maisons de Lans, très humble village qui n'en a pas moins imposé son nom au pays parcouru par le Furon et la Bourne. Il doit sans doute cet honneur à ce que les deux cours d'eau principaux du massif naissent au pied du mamelon sur lequel Lans est bâti. De là on ne voit pas entièrement le massif des Quatre-Montagnes ou Montagnes de Lans; mais on découvre en entier, jusqu'à la Grande-Moucherolle, l'immense chaîne calcaire qui, de ce côté, domine la vallée à 800 ou 1,000 mètres d'altitude et, du côté opposé, commande à près de 1,800 mètres le cours du Drac. Les Quatre-Montagnes, dans le langage local, semblent d'ailleurs indiquer plutôt le territoire de quatre communes: Lans, Villard-de-Lans, Autrans et Méaudre, ces deux dernières dans une vallée très fermée formant deux bassins distincts.

La route ne dessert pas Lans, elle passe à près d'un kilomètre du bourg, au hameau de Jaume. De là, on distingue nettement l'église, dont la façade neuve se détache au milieu des toits rouges ou gris. La vallée, dans laquelle on a pénétré par le seuil insensible où divergent les eaux du Furon allant au nord et celles de la Bourne descendant vers le sud, est d'un aspect très alpestre et fort riant malgré la neige couvrant encore les pentes. Les hameaux sont nombreux et bien disposés, les cultures assez étendues, mais les prairies dominent; elles sont un peu marécageuses; là se forme la Bourne, sinueuse et limpide, sans cesse accrue par des sources et déjà utilisée pour l'irrigation. A gauche, entre deux superbes crêtes rocheuses, s'arrondit le col de l'Arc, ouvert à 1,743 mètres ; il doit son nom à sa forme régulière. Rempli de neige, il est impraticable en ce moment.

Près de chaque hameau, des troncs écorcés de sapin attendent l'expédition à Grenoble, ils y seront formés en train sur l'Isère ou expédiés par le chemin de fer.

On traverse la Bourne au pont des Aniers, en vue du mamelon sur lequel apparaît le Villard-de-Lans, au pied de crêtes, noires de sapin ; quelques minutes après on atteint la place du bourg.

C'est le seul nom qui convienne à ce chef-lieu de canton appelé à un grand avenir comme station d'été. Dans ce Dauphiné si riche en beaux sites, le Villard-de-Lans répond le mieux par son altitude, ses prés, ses vallées, ses bois à l'idéal du séjour estival. Bâti à 1,100 mètres, bien au-dessus des torrents où se forment les brumes, entouré de superbes forêts, ayant dans son voisinage les majestueuses montagnes de la Grande-Moucherolle et les gorges superbes de la Bourne, il se transformera rapidement quand le chemin de fer projeté le reliera à Grenoble. Dès maintenant il reçoit d'assez nombreux touristes, Lyonnais et Grenoblois surtout. Sa situation au cœur des Quatre-Montagnes en fait le centre naturel de quatre vallées. Le commerce des bois, celui des beurres et des fromages dits de Sassenage, produits en abondance à Autrans et à Corrençon surtout, lui donnent une animation assez grande[1]. Mais ce n'est qu'un bourg aux rues montueuses dont le principal monument est un élégant hôtel de ville orné d'un campanile visible de fort loin.

La neige qui couvre les hauts vallons m'a empêché de les visiter. Cependant je n'ai pas voulu rejoindre le bas pays par la route déjà suivie. On m'a assuré que la vallée de Romeyère était libre et que je pourrais descendre par là à Saint-Marcellin. L'heure était déjà avancée, j'ai frété une voiture légère et, après déjeuner, nous nous sommes mis en route. En quelques instants on atteint le fond de la vallée de la Bourne, encore blanche de neige, mais bien belle cependant avec ses grands sapins saupoudrés de blanc. Des hêtres couvrent les premières pentes, ici la Bourne, si calme là-haut, gronde, bondit, écume et, bientôt, pénètre dans une gorge qu'elle suffit à remplir. La route a dû être frayée au pic et à la mine, elle

---

1. La race de bétail du Villard-de-Lans a mérité par ses qualités laitières de former une catégorie spéciale dans les concours.

est sans cesse en encorbellement. Dans cette fissure, le jour pénètre à peine, aussi le froid a-t-il été vif. D'immenses stalactites de glace pendent à la voûte, la paroi est revêtue de cristal, d'autres girandoles apparaissent dans les roches sur la rive opposée ; le torrent jette parfois d'étourdissantes rumeurs, il fait d'incessantes cascades. Tout cela : glace, neige, chutes, roches aux assises cyclopéennes, tunnels dans lesquels on pénètre brusquement, forme un spectacle inoubliable. Ah ! je ne regrette plus maintenant d'avoir rencontré l'hiver !

Plus on descend, plus les roches sont hautes, plus les fissures sont étroites et profondes. Cependant l'industrie a trouvé de la place. Une scierie a profité de l'abri offert par un gigantesque rocher en surplomb pour installer ses ateliers. Plus bas, près d'une autre scierie, abandonnée, une maison grise et sordide est collée à la roche qui la recouvre en partie. Elle est habitée par une veuve subsistant misérablement de vin ou du café vendu aux charretiers et du lait des chèvres qui vivent en hiver avec des feuilles de hêtre, appelé *fayard* en ce pays. C'est la nourriture du bétail durant la mauvaise saison. Jadis la feuille de fayard fournissait la literie dans la montagne, mais les sommiers élastiques la remplacent peu à peu.

La gorge est encore grandiose au pont de la Goule noire où, d'une cavité profonde, sort une source puissante ; elle semble close par un éperon de la montagne dans lequel on pénètre par un tunnel et, soudain, on voit s'ouvrir un bassin assez ample au fond duquel sont les maisons cossues du grand et beau hameau des Balmes-de-Rencurel. Le fond du bassin est très vert, les prairies sont superbes ; tout autour se dressent, d'un jet, de formidables escarpements. Au sud c'est le Vercors vers lequel monte une belle route, au nord c'est une longue crête couverte jusqu'à la cime de noires forêts de sapins. Sur les pentes les hameaux sont nombreux, les maisons sont vastes, car elles abritent des troupeaux de chèvres, ayant parfois jusqu'à 20 ou 25 têtes, et d'autre bétail. Les chèvres produisent du fromage dit de Saint-Marcellin, que viennent chercher des marchands de cette ville et de Vinay.

Le chemin du Pas-de-l'Échelle monte à Rencurel par de grands lacets. Hélas, la neige se fait plus abondante ; quand nous atteignons Rencurel, village que son église neuve et de belles maisons révèlent prospère, il devient évident que jamais la voiture ne pourra atteindre le col. Mon conducteur est heureusement un brave et honnête homme, il s'est engagé à me conduire au col, il le fera ; il emprunte un traîneau, y attelle son cheval et nous nous remettons aussitôt en route.

Le chemin, à peine frayé, remonte la vallée en desservant de grosses fermes très propres. Le paysage est singulier, partout sont des hêtres noueux, tordus, étêtés et difformes. Chaque année, on coupe les branches et l'on en fait des fagots ; ces rameaux desséchés sont donnés aux chèvres pendant l'hiver, elles broutent les feuilles et les plus petites ramilles. En dehors de ces arbres rien ne révèle le caractère agricole du pays enfoui sous la neige. Cependant il n'est pas uniquement pastoral, on cultive beaucoup d'avoine. Cette année on n'est pas sans inquiétude, la neige du printemps ayant jusqu'ici empêché les semailles.

Le tapis de neige s'épaissit de plus en plus, en me retournant je n'aperçois que des nappes blanches, jusqu'à la lointaine vallée du Vercors où l'on distingue le village de Saint-Julien. A notre droite l'immense chaîne rocheuse qui nous sépare de la vallée de Méaudre est comme plaquée de neige, la bourrasque venue de l'ouest s'est exercée contre ces murailles gigantesques. Sur la route elle est profonde, très molle, par instant le vaillant petit cheval enfonce jusqu'au poitrail. Le pays semblerait mort, sans les filets de fumée s'échappant au sommet des maisons. Même à ces hauteurs les habitations sont bien construites, il y a dans un des hameaux une belle maison d'école. On devine les prairies aux petits acqueducs faits de sapins creusés qui portent les eaux d'irrigation ; ils sont particulièrement nombreux au pied du col de Romeyère où l'on monte par des pentes douces.

La neige s'est encore épaissie, quand, enfin, nous atteignons le col ouvert à 1,074 mètres. Sous nos pieds se creuse un ravin profond, rempli de sapins, dans le lointain il finit en précipice. La route est tracée sur le flanc de l'abîme, la neige y paraît assez ferme, le conducteur offre de me conduire jusqu'au Pas-de-l'Échelle. Maintenant le traîneau, aidé par la pente, file rapidement au sein d'un paysage tourmenté et superbe, la forêt de sapins est coupée d'une infinité de vallons et de ravins. La neige relève les lignes et donne plus de grandeur aux perspectives vaporeuses. Au fond, une montagne, le Bec-de-l'Orient, dresse un front de roches puissantes, en ce moment dorées par le soleil.

La neige, tout à l'heure ferme, se ramollit. Le cheval enfonce et trébuche à chaque pas, il faut avoir pitié de lui et renvoyer le traîneau à Rencurel. Me voici à pied sur le chemin blanc, où peu de traces de pas sont marquées. En quelques minutes j'atteins un pont jeté sur la Drévenne et portant une route forestière. On est au fond d'une coupure profonde pratiquée par le torrent dans la haute chaîne du Bas-Graisivaudan. Le chemin y pénètre en se frayant passage par des encorbellements creusés au flanc d'un abîme grandiose d'où monte le bruit d'une cascade. La Drévenne tombe ici d'une hauteur de 150 mètres. Du parapet de la route on domine le gigantesque abîme. Ce défilé est le Pas-de-l'Échelle, jadis terrible, aujourd'hui facile.

La route, étroite, est continuellement creusée au flanc de ce rocher à pic, haut de plus de 200 mètres. Pendant un kilomètre ce ne sont que galeries, tunnels, encorbellements. Le vent a chassé la neige et l'a amassée ; ce n'est pas sans un certain frisson, en me tenant contre le rocher, que je passe là, il semble que la neige va se former en avalanche et m'entraîner.

A l'issue d'un des tunnels on a une éblouissante vision. A plus de 500 mètres de profondeur apparaît tout à coup la vallée de l'Isère, verte, fleurie, remplie de noyers et de mûriers ; au delà se dressent, vertes aussi, les hautes collines de la Côte Saint-André. Dans les arbres, par les champs, par les prés, des hameaux, des villages, des bourgs, de petites villes aux toits rouges semblent semés. C'est une vue sublime, une de celles dont le regard ne peut se détacher.

Oui l'homme est trop petit, ce spectacle l'écrase !

L'apparition est d'autant plus belle que je suis ici dans la neige, sur un chemin solitaire où l'on ne rencontre ni un animal, ni un être humain. Ébloui par ce tableau prestigieux, je descends sous les strates inclinées faisant comme un toit à la route. En face un rocher, gris, formidable, pareil à un éperon de navire paraît barrer le chemin. Celui-ci se replie et dévale rapidement par des lacets jusqu'à des maisons abandonnées. Je suis maintenant bien au-dessous du Pas-de-l'Échelle, j'en vois toute la paroi lisse dominant la cascade écumante. Aux flancs, creusée dans la roche vive, apparaît la route où je suis descendu. Certes, le paysage est d'une inexprimable grandeur, mais bien grand aussi est le génie humain qui a osé forer un passage dans l'inabordable falaise !

La route franchit la Drévenne sur un pont, au-dessous de la cascade. A partir de là, on voit peu à peu disparaître la neige, enfin je retrouve sous mes pieds un sol ferme et résistant, voici le soleil chaud, voici des fleurs. Les pentes de la montagne sont couvertes de hêtres et de buis aux senteurs âpres. Ces broussailles sont exploitées, elles servent de litière.

Peu d'habitations ici, des petits prés émaillés de primevères et des taillis se succèdent jusqu'en vue de la tour ruinée de Saint-Gervais. Un sentier bordant un ruisseau me conduit au village, parmi les châtaigniers, les noyers, les cerisiers et les poiriers en fleurs. Rapidement je traverse le bourg petit, mais coquet, et passe de nouveau devant la fonderie de canons abandonnée. Voici l'Isère rapide et grise, puis la forêt de noyers. Un sentier tracé sous les beaux arbres me conduit à Vinay, petite ville prospère, d'aspect italien par ses toits plats, ses greniers en galerie et la pureté du ciel.

La nuit vient à l'heure où j'atteins la ville, le soleil couchant dore de ses rayons la ligne régulière des montagnes, il éclaire vigoureusement l'entrée de la belle combe de Malleval, dont Cognin semble garder l'entrée. Ah! l'admirable paysage que celui-là, alpestre par ses cimes neigeuses, déjà méridional par la transparence de l'atmosphère et la douceur vivifiante du vent qui remonte la vallée!

TABLE DES MATIÈRES

I. — Le lac de Paladru et la Fure.

Pages.

Les Abrets. — Paladru et son lac. — La légende de la ville d'Ars. — Charavines. — Régularisation des eaux. — Les usines de la Fure. — Taillanderies, soieries et papeteries. — Apprieu. — Rives et ses manufactures. — Renage. — La gorge d'Hurtières. — Fure et la plaine de l'Isère 1

II. — Du Rhône a la Morge.

Un chemin de fer vicinal. — De Vienne à Charavines. — Saint-Jean-de-Bournay. — La plaine de Bièvre. — Le Grand-Lemps. — Arrivée à Voiron. — Coup d'œil sur le tissage de la soierie. — Voiron et ses industries. — La toile. — Les usines des Gorges. — Paviot. — L'école professionnelle 20

III. — La Noix de Grenoble.

Moirans. — Le Bas-Graisivaudan. — Dans les noyeraies. — Mayette, Franquette et Parisienne. — Le paysage de Cras ; Stendhal et La Bruyère. — La fonderie de canons de Saint-Gervais 42

IV. — Voiron et la Chartreuse.

Les liqueurs. — Voiron et ses rivales. — Les étiquettes de Claude Brun. — Les magasins de chartreuse. — En route pour le couvent. — Saint-Laurent-du-Pont. — Les gorges du Guiers. — Saint-Pierre-de-Chartreuse. — La ganterie dans la montagne. — Chamechaude. — Le Sappey. — Le col de Vence. — Descente à Grenoble 66

V. — Grenoble.

Pages.

Le Dauphiné et le tourisme. — Grenoble. — Du haut du mont Rachais. — La ganterie. — Avocat, passons au déluge! — Les chevreaux des Alpes. — Triage et teinture des peaux. — Le découpage. — La main de fer. — Piqûre et finition. — Le commerce grenoblois. — Fabrication des boutons et fermoirs. 77

VI. — De Grenoble a la Mure.

La Porte de France et ses carrières. — Découverte du ciment artificiel. — Les travaux de Vicat. — Les câbles porteurs. — Les fours et les moulins. — Les anthracites de la Mure. — Un chemin de fer de montagne. — Les gorges du Drac. — Les eaux de la Motte. — Mines de Notre-Dame de Vaux, de la Motte et de Peychagnard 99

VII. — La Mateysine et Vizille.

La Mure d'Isère. — M. Chion-Ducollet et ses administrés. — En Mateysine. — Les lacs; Pierre-Châtel; lac Mort; Grand lac; Lac de Petit-Obat. — Laffrey. — Le retour de l'île d'Elbe. — Vizille, son château et ses industries 120

VIII. — Uriage, le pont de Claix.

La vallée de Vaulnaveys. — Uriage. — Le Maupas. — De Grenoble au Pont-de-Claix. — Le pont de Claix. — Souvenir de Mandrin. — Le Drac et la Romanche. — La légende de Lesdiguières. — Séchilienne. — Entrée dans l'Oisans. 138

IX. — L'Oisans.

Le vestibule de l'Oisans. — Papeterie de Rioupéroux. — L'ancien lac Saint-Laurent et le déluge de 1219. — Richesses minérales de l'Oisans. — Le Bourg-d'Oisans. — Hautes gorges de la Romanche. — Les premiers glaciers. — La Grave en Oisans. — De la Grave au Lautaret 154

X. — En Graisivaudan.

Le plus beau jardin du tant beau pays de France. — Domène. — La houille blanche. — Paysage du Graisivaudan. — Lancey, son torrent et ses usines. — Le château du Boys, Dupanloup et Gambetta. — Le château de Tencin. — De Goncelin à Allevard . . 174

XI. — Le Pays du Gratin.

Allevard. — Le Bréda. — Route de Pontcharra. — Paysage historique : Saint Hugues, Bayard et Lesdiguières. — Ruines de Bayard. — Le fort Barraux. — Pontcharra. — La rive gauche de l'Isère. — Retour à Grenoble. — Sassenage et le Furon. — Le gratin dauphinois 190

XII. — Tournon, Tain et l'Ermitage.

Les cordonniers d'Izeaux. — La Bièvre. — La Côte Saint-André. — Les sources et la plaine de Valloire. — Tain. — Le taurobole. — D'impression des foulards. — Le vignoble de l'Ermitage : grandeur, décadence et résurrection. — Tournon et ses lycées . 207

XIII. — Le Valentinois.

Petites eaux dauphinoises. — Valence et ses industries. — La plaine de Valence. — Le canal de la Bourne. — Truffes et mûriers. — Chabeuil. — Dans la plaine. — Romans. — Le Jacquemart. — Au pays des galoches. — Bourg-de-Péage et ses chapeaux. — L'huile de noix 222

XIV. — Crest et la Drôme.

Loriol et Livron. — Vaincu par des femmes. — La vallée de la Drôme. — Crest et son donjon. — Aouste. — Saillans et ses gorges. — Pontaix et la vallée de Quint. — Die. — L'industrie du bois de noyer 243

XV. — Le Chemin de fer du col de Cabre.

Châtillon-en-Diois. — Les mines de Menglon. — Zinc et calamine. — Un chemin de fer difficile. — Luc-en-Diois. — Le Claps. — Les lacs de la Drôme. — Un tunnel qui se promène. — Les schistes. — Une source de pétrole ignorée. — Le grand tunnel. — Arrivée dans les Hautes-Alpes 354

XVI. — Les Premiers Oliviers.

Rochemaure. — Dans les basaltes. — Myrtes et oliviers. — Nid d'aigle sur un volcan. — Montélimar. — Comment on fabrique le nougat. — Torrents précieux. — La plaine de Valdaine. — Puygiron, la Bâtie-Roland et Châteauneuf-de-Mazenc. — Les oliviers de la Bégude. — Une erreur géographique 371

XVII. — Dieulefit et la forêt de Saou.

Les gorges du Jabron. — Poët-Laval et ses potiers. — Dieulefit. — Un dicton malheureux. — La ville, ses usines, la poterie. — Bourdeaux et ses mines. — Saou et son abbaye. — La forêt de Saou. 387

XVIII. — Le Vercors.

Les ours de Romeyer. — En route pour le col de Rousset. — Chamaloc. — Ascension nocturne. — Passage du tunnel. — La vallée de la Vernaison. — Le Vercors et ses forêts. — Saint-Aignan et la Chapelle-en-Vercors. — Les grands et les petits goulets. . 303

XIX. — Le Royannais.

Pont-en-Royans. — Les usines. — Tourneries de buis. — Le lac de la Bourne. — Saint-Jean-en-Royans et ses fabriques. — Saint-Nazaire-en-Royans. — Saint-Marcellin et ses fromages 330

XX. — LES QUATRE-MONTAGNES.

Pages.

Les dernières diligences. — Grenoble au matin. — Traversée de Sassenage. — La cascade du Furon. — Les gorges d'Engins. — Lans et les Quatre-Montagnes. — Villard-de-Lans. — Les gorges de la Bourne. — Rencurel et le col de Romeyère. — Traversée du Pas-de-l'Échelle. — Vue sublime. — Descente en Graisivaudan 332

Nancy. — Impr. Berger-Levrault et Cⁱᵉ.

BERGER-LEVRAULT ET Cⁱᵉ, LIBRAIRES-ÉDITEURS
5, rue des Beaux-Arts, Paris. — 18, rue des Glacis, Nancy.

En cours de publication

LEXIQUE GÉOGRAPHIQUE
DU MONDE ENTIER

PUBLIÉ SOUS LA DIRECTION DE

M. E. LEVASSEUR (de l'Institut)
PROFESSEUR AU COLLÈGE DE FRANCE

PAR	AVEC LA COLLABORATION DE
J.-V. BARBIER	M. ANTHOINE
SECRÉTAIRE GÉNÉRAL	INGÉNIEUR
DE LA SOCIÉTÉ DE GÉOGRAPHIE DE L'EST	CHEF DU SERVICE DE LA CARTE DE FRANCE AU MINISTÈRE DE L'INTÉRIEUR

CONDITIONS ET MODE DE PUBLICATION

Le Lexique géographique paraît par fascicules de 4 feuilles gr. in-8° (64 pages d'impression compacte à 3 colonnes, avec cartes et plans dans le texte.
Il comprendra environ 50 fascicules, formant 3 volumes de 1,000 à 1,200 pages chacun.
Il paraîtra environ 8 à 10 fascicules par an. Les 14 premiers fascicules sont en vente.

Prix du fascicule : **1 fr. 50 c.**
Prix de souscription à l'ouvrage complet : **70 fr.**

La souscription donne droit à la réception gratuite de tous les fascicules pouvant dépasser le nombre prévu. — Envoi du prospectus-spécimen sur demande.

BIBLIOTHÈQUE D'ENSEIGNEMENT COMMERCIAL
Dirigée par M. GEORGES PAULET
CHEF DE BUREAU AU MINISTÈRE DU COMMERCE

Volumes in-8° reliés en percaline gaufrée.

Ouvrages parus :

Précis d'Histoire du Commerce, par H. CONS. 2 volumes . . . . **9 fr.**
Manuel de Géographie commerciale, par V. DEVILLE. 2 volumes avec cartes. . . . **10 fr.**
Manuel pratique des Opérations commerciales, par A. DANY, 1 volume. . . . **5 fr.**
Principes généraux de comptabilité, par E. LÉAUTEY et A. GUILBAULT. 1 volume . . . . **5 fr.**
Monnaies, poids et mesures des principaux pays du monde. Traité pratique des différents systèmes monétaires et des poids et mesures, accompagné de renseignements sur les changes, les timbres d'effets de commerce, etc., par A. LEJEUNE. 1 volume . . . . **5 fr.**
Les Tribunaux de commerce. Organisation, compétence, procédure, par A. ROUYVET. 1 volume . . . . **4 fr.**
Les Transports maritimes, éléments de droit maritime appliqué, par BAUMONT et LEVAREY, 1 volume. . . . **4 fr.**
Armements maritimes, par C. CHAMPENOIS. 2 vol. avec 140 fig. **10 fr.**
Code annoté du Commerce et de l'Industrie. Lois, décrets, règlements relatifs au commerce et à l'industrie, avec un commentaire par Georges PAULET. 1 volume grand in-8° de 356 pages, sur 2 colonnes, broché, **15 fr.**
Relié en demi-chagrin, plats toile. . . . **18 fr.**
Code de Commerce et Lois commerciales usuelles, par E. COHENDY. 1 volume in-18 . . . . **2 fr.**
Recueil des Lois industrielles, par E. COHENDY. 1 volume in-18 . **2 fr.**

Un prospectus détaillé est envoyé sur demande.

BERGER-LEVRAULT ET Cⁱᵉ, LIBRAIRES-ÉDITEURS
5, rue des Beaux-Arts, Paris. — 18, rue des Glacis, Nancy.

LES ALPES FRANÇAISES

ÉTUDES
SUR

L'ÉCONOMIE ALPESTRE
Et l'application de la Loi du 4 avril 1882
A LA RESTAURATION ET A L'AMÉLIORATION DES PATURAGES

Par F. BRIOT
Inspecteur des Forêts

Ouvrage couronné par la Société nationale d'agriculture de France.

Un beau volume grand in-8° de 695 pages, avec 142 figures dans le texte (constructions diverses en montagne, chalets, étables, halles, etc., plantes herbacées nuisibles et utiles ; plans et instruments de fruitières et de laiteries industrielles), 8 planches en héliogravure (paysages typiques), et 2 cartes géologiques en couleurs, broché : **25 fr.**

La Guerre des Alpes. Guerre de la succession d'Autriche, 1742-1748. Mémoire extrait de la correspondance de la Cour et des Généraux, par F. E. de Vault, lieutenant-général, directeur du dépôt de la guerre (1765-1790). Revu, annoté et accompagné d'un Résumé et d'Observations par P. Arvers, colonel d'infanterie, sous-directeur au ministère de la guerre. 1892. — 2 volumes grand in-8° de 1,500 p., avec 18 cartes et croquis dont 4 en couleurs et une grande carte d'ensemble au 1/320,000°. . . . . **30 fr.**

La Guerre dans les Alpes, Souvenirs des manœuvres alpines, par Émile Camau. 1889. Volume in-12, broché. . . . . **3 fr.**

Les Alpes françaises. Études de géologie militaire, par le capitaine Ch. Clerc. 1888. Volume in-8°, avec 80 fig. et 1 carte, broché. **5 fr.**

Géographie militaire, par le commandant Marga. 1885. — 1ʳᵉ partie : *Généralités et la France.* 4ᵉ édition, revue et augmentée. Deux vol. in-8°, avec atlas de 129 cartes, la plupart en couleurs ; broché. **35 fr.** — 2ᵉ partie : *Principaux États de l'Europe.* 3ᵉ édition, revue et augmentée. Trois vol. in-8°, avec atlas de 149 cartes, la plupart en couleurs ; broché. **45 fr.**
Reliure en demi-chagrin : 1ʳᵉ partie, 11 fr. — 2ᵉ partie, 14 fr.

L'Armée suisse aux grandes manœuvres de 1889, par Ch. Malo. 1890. Volume in-8°, broché. . . . . **3 fr.**

De l'Aptitude physique et de ses modifications sous l'influence des exercices militaires et des marches en pays de montagnes. Étude sur le recrutement et l'examen des hommes du 12ᵉ bataillon de chasseurs à pied, par le Dʳ Rigal, médecin-major. 1892. Gr. in-8°. **1 fr. 50 c.**

Nancy, impr. Berger-Levrault et Cⁱᵉ.

www.ingramcontent.com/pod-product-compliance
Lightning Source LLC
Chambersburg PA
CBHW070904170426
43202CB00012B/2191